新潮文庫

千利休とその妻たち

上巻

三浦綾子著

新潮社版

4007

千利休とその妻たち

上巻

鼓の音

一

風が変わったのか、潮鳴りが不意に家の中までひびいてきた。土蔵の傍らの桜が、濡れ縁にその花びらを散らした。

四歳の与之介は、一人濡れ縁にちんまりと坐って、ひどく神妙な顔をしていた。膝の前に、縁の欠けた小皿が一つ置いてある。うす青いその小皿を、与之介は小さな右手に取り、左の掌に受けた。次に右手でその小皿の右横を持ち、手前にまわす。いつも父の宗易（利休）が、茶を飲む時の作法を、与之介は正確に記憶している。が、これは四歳の与之介の無心な遊びであった。大人の所作を真似ることは、即ち子供の遊びである。

ふっくらとしたその手を、作法どおりに皿に置いた時である。

「与之介！　何をしています？」

叱声が鋭く飛んだ。与之介はびくりとして、うしろをふり返った。母のお稲がまうしろに立って、与之介を見おろしていた。

母を見上げる与之介の目に反抗の色があった。唇が一文字に、強情に結ばれている。その与之介の顔をじっとみつめていたお稲の頬に微笑が浮かんだ。

「与之介。いつも母の言っていることが、与之介にはわかりませんか」

もう先程の鋭い声音は消えている。お稲は与之介の前に静かに坐った。あたたかい手が、与之介の肩におかれた。桜の花びらが、母と子の上に、幾ひらとなく散りかかる。

「与之介、男の子は外で、棒でもふりまわして、戦ごっこをするものです。お茶のまねごとなどして、遊んではなりません」

「でも……父さまだって……」

「父さまは父さまです。お前のおじい様は、世に鳴りひびいた三好元長様。伯父さまも、今評判の三好長慶様。お前はその伯父さまによく似ているのですよ」

与之介はようやくこっくりとうなずいて、

「伯父さまは強い？」

「強いですとも。今にこの近畿一帯を平定する器と、人々は言っています」

お稲の、やや厚い唇が、次第に早く動く。その口元を、与之介は幾分上目づかいでみつめていたが、お稲の言葉がわかる筈もない。お稲はいつもの癖で、与之介がわかろうとわかるまいと、胸の鬱ぷんを晴らすかのように言いつづけた。

「男の子というものは、弓矢をとって、戦うべき者、茶の湯など、いくらうまくなったところで、城の主にはなれません」

お稲の胸の中には、いつも父三好元長がいる。十年前に死んだお稲の母は、阿波の徳島に住む町娘であった。それが領主元長の目にとまり、生まれたのがお稲だった。父元長は、お稲が六歳の頃、時の実力者木沢長政らに倒された。その時、お稲の腹ちがいの兄、即ち正妻の長子長慶はまだ千熊丸といって十歳の齢であった。

幼い時から、お稲は父元長のような、強い武将のもとに嫁ぐことを夢見ていた。が、縁があって嫁いだのは、思っても見なかった商家であった。商家といっても、堺の町の納屋衆の一人で、豪商であった。納屋衆はいわば倉庫業を主として営み、何れも富んでいた。

お稲が口惜しいのは、成人した兄長慶が、自分が嫁いだ直後、宿敵木沢長政を倒し、俄かにその名を揚げたことであった。もし、自分の嫁ぐ前に、長政を倒していたなら、長慶の腹ちがいの妹である自分は、まちがっても商家に嫁ぎはしなかったものをと、それが悔やまれるのである。そしてその思いは、以来七年を経た今に至るまで、お稲の胸に尾をひいていた。

「でも……茶の湯も、おもしろいもの」

不満げに与之介の唇が尖る。

「いけません。茶の湯などは、父さま一人でもうたくさん。とにかく、どんなに茶の湯がうまくなっても、城の主にはなれないのです」

たとえ四歳の与之介が言葉を解さなくても、その胸にこのことだけは叩きこんでおきたいお稲であった。

(城の主にはなれぬか)

お稲の言葉を、夫千宗易が次の間で聞いていたことを、お稲は気づかなかった。

宗易は今年二十八歳、とおった鼻筋に気品があり、その目に常人にはない光があった。十六歳の時既に茶会をし、奈良の茶人松屋久政を招いて世人を驚かせたほどの宗易にとって、茶の湯は只の趣味ではなかった。

天文九年、即ち九年前、宗易は十九歳で父を失い、魚屋千家の跡を継いだ。海べにある納屋(倉庫)は一般商人に貸し、そこから賃貸料があがった。そして、塩魚座賃があがり、多くの田地家作からあがる収入もあった。更に和泉一帯の問丸（卸商船）からの権利銭もあった。こうした大店を、たとえ大番頭の善兵衛に支配させていたとはいえ、九年間取りしきった自信が宗易にはある。だがそれにもまして、茶の湯に示す自分の実力に、宗易は誰にも譲らぬ自信があった。

父の死んだ十九歳の秋、宗易は武野紹鷗の門を叩いた。紹鷗は同じ堺の舳ノ松町に住み、宗易の住む今市町からどれほども離れていなかった。が、紹鷗の名は高く、おいそれと門を叩ける相手ではなかった。その門をあえて叩いたのは、父を失った宗易が、茶の湯に心のより所を真剣に求めはじめた証拠であった。

紹鷗に会った日のことを、宗易は今もはっきりと覚えている。紹鷗もまた、皮屋と呼ばれる堺の商人であった。戦国の時代に、なくてはならぬ武具を商って、巨利を得ていた大富商であった。連歌師といわれたほどに歌の道を極め、更に茶の湯では、この堺一帯に、右に出ずる師はなかった。元は武田といって武家であったが、町人になる時に先祖に憚って武野と姓を改めたという。紹鷗には、武士の持つ気骨がその顔にも現れていた。

紹鷗は、入門を乞う宗易に、しばらく無言で対坐していたが、やがておもむろに口をひらいて言った。

「十六歳の時に、既に茶会をひらいたとの評判は聞いておる。その評判はおそらく貴方には害にこそなれ、何の益にもならなかったであろうな。ここでは、先ず庭の掃除からやってもらおう。それでもよろしいかな」

宗易はその言葉に、ハッとした。目から鱗の落ちる思いがしたのだ。さすがに武野紹鷗である。宗易自身の最も誇りとしているところを紹鷗は衝いた。自分の誇りにしてきたものを、何の益にもならなかったであろうと指摘したのだ。その言葉が宗易の身に沁みた。

「入門のお許しを頂ければ幸いに存じます」

宗易は平伏した。

紹鷗を訪ねるまで、宗易は、紹鷗が直ちに自分の点前をどの程度か見てくれるものと、信じて疑わなかった。そして内心、その自分の点前に、紹鷗は讃歎するであろうことを期待してきた。ところが、紹鷗が命じたことは掃除であった。

「では、しばらくここで待っているように」

紹鷗は部屋を立って行った。八畳の間に、宗易は一人置かれた。

半刻も経った頃である。弟子の一人が襖をあけて、宗易に告げた。

「では、露地の掃除をとのお言葉でございます」

与えられた竹箒を持って露地に立った宗易は、はたと当惑した。たった今掃除されたばかりなのであろう。ちり一つ、木の葉一枚落ちていない。

先ほど、庭の掃除から始めてもらおうと紹鷗に言われた時には、

（掃除ごときことならば……）

という思い上がった気持ちがまだあった。が、ちり一つない庭に立たされて、宗易は内心狼狽した。

（掃除したばかりのあとを掃除せよとは、一体いかなることか）

箒の目も鮮やかな露地を、再び掃くのは余りにも愚かである。そんな無駄ごとは、茶の湯の道にはないはずであった。

（茶の湯とは……）

宗易は、紹鷗が只ならぬ師であることを、まざまざと感じた。

（茶の湯とは……）

竹箒を持つ宗易の手がかすかにふるえた。ここで何をすれば、一体掃除となるのであろう。いかにすれば、掃除をせよとの命に応えたことになるのであろう。

と、その時、宗易の胸に、紹鷗が常々言っていると伝え聞いた言葉が浮かんだ。

「連歌は、枯れかじけて寒かれと言うが、茶の湯も、結局このようでなければならぬ。

侘び数寄でなければならぬ」

この言葉を宗易は伝え聞いて、心にとめていた。そしてまた、茶道の先達村田珠光の言葉も思い出した。

「月も、雲間のなきはいやにて候」

その言葉も、宗易の胸の中にはあった。雲一点のない空に照り輝く月よりも、雲間に見え隠れする月をよしとした珠光の心である。

「なるほど！」

わかったと思った。宗易の体をつらぬく一つの感動があった。この、ちり一つない庭は、きれいすぎるのだ。ここには侘びがない。皎々と照る月と同じである。宗易は、竹箒を置いて、木に寄った。秋とはいえ、まだ、落葉にはやや早い季節である。宗易は力をこめて銀杏の木をゆすった。その四、五枚が午後の日に輝きながら、ひらひらと舞い落ちた。

宗易の心に、喜びが満ちあふれた。その時、紹鷗が家の中から、自分のすべてを窺い、そして讃歎したことを、宗易は後に知った。

こうして入った茶の湯の道である。

「茶の湯がいくらうまくても、城の主とはなれません」

幼い与之介に言い聞かせる妻お稲の言葉が、宗易の心を逆なでた。

（ふん！　城の主が……何で偉いものか）

心の中に、吐き出すように呟いて、宗易は妻にも使用人たちにも告げずに外へ出た。

二

宗易は、自宅の黒塀を出た。潮風が顔をなでた。丈高く、肩幅のがっしりとした宗易は、姿勢を正して歩いて行く。宗匠頭巾の下にのぞく青々とした剃髪の頭が、若い宗易をひときわ凛々しく見せている。静かなその足取りは、商家の若主というよりは、修道僧にも似ていた。が、宗易の心はまだ静まってはいない。今しがた聞いた妻のお稲の言葉が耳にひびいている。

「茶の湯がいくらうまくても、城の主にはなれません」

お稲の言葉には毒があった。その毒が二十八歳の宗易には苦いのだ。今日から宗易は、能を習うことになっていた。師は猿楽の名手としてその名も高い宮王三郎である。宮王は、茶の湯では宗易の弟子で、宗易より一つ歳上であった。が、今まで宗易は能を習うつもりはなかった。それがついこの間の三月三日、能の舞台を見ていて、ふと習ってみる気になった。それは、今まで何気なく見過ごしていた歩き方、体の動きの中に、茶の湯に通ずるものを感じとったからであった。いわば、茶の湯に益することならば、いかなることも学ぼうとする宗易であった。

そのことを昨夜、宗易は床の中でお稲に語った。

「点前(てまえ)をするにもな、動きの流れというものがある。静止すべきところは静止し、動きを早くすべき時には早くし、ゆるやかにあるべき時にはゆるやかにする。能を習うことによって、その呼吸が一層会得(えとく)されると思ってな」

お稲は、少しの間黙っていたが、

「それで、能を習うといわれますか」

ひどく冷たい語調だった。あの時闇(やみ)の中でお稲がどんな表情をしていたか、宗易は今、まざまざと想像することができた。

(女の言うことだ)

気にすまいと思ったが、今日が能の習い初めの日であるだけに、出がけに聞いた言葉が、何としても心にしこりとなっている。

(三好長慶の勢力を、お稲は鼻にかけている)

長慶は異腹の妹お稲をどれほどもいつくしんではいなかった。お稲が長慶を誇りとするほどには、長慶はお稲を意に介してはいないのだ。長慶の関心は近畿の平定にあるのだ。武将の長慶には、妻子といえども、城取りの道具に過ぎない。

その長慶が、お稲の縁談を頼んだのは、武具を商う武野紹鷗であった。紹鷗にとって三好長慶は最も大きな得意先である。腹ちがいとはいえ、自分の妹を町家に出したい長慶の胸のうちは、紹鷗にも見当がついて、弟子の宗易を世話した。宗易二十一歳、お稲十七歳の早春であった。

宗易は商家の並ぶ道をゆっくりと歩いて行く。深い軒の下に、どの家にも彫りこまれた家紋が金色に輝いている。屋根もこの町並みばかりは瓦葺きである。

これらの商家のふところを宗易は知っている。一見ひっそりとした、あまり広くもない店構えだが、「堺の建て倒れ」のたとえのとおり、寺よりも大きな屋敷をその店のうしろに持っている者もあり、庭には、このあたりには珍しい蘇鉄の大きな株を、池のほとりに植えこんでいる者もある。そんな商家が次々と並び立つ堺の商人の経済力には、大名たちも一目置いているのだ。

(だが……)

その経済力のある商人たちも、実は拭っても拭っても拭い切れない武将たちへの羨望があった。それは権力を持ち得る者に対する羨望であった。幾ら万金を積んだところで、商人には権力を買うことだけは絶対にできない。その口惜しさがどの商人の胸にもあった。そしてそれは、宗易の心の中にもあった。妻の言葉が苦かったのは、胸の底に押しかくしている劣等感を衝く言葉でもあったからだ。

堺の商人たちの間に、なぜ茶の湯が盛んであるのか。その本当のところは、誰も言わない。が、その心の底にあるのは、茶器で大名たちと勝負をしようとする思いがあるからだ。茶器ならば金で買える。その名器は、家一軒建つほどの高価な物であっても、堺の商人なら購うことができた。大名より高価なものを持つことができるという満足が、茶の湯にはあった。その上、茶の湯は教養を身につける道でもあった。それは、名器を集めることにも劣らぬ大きな誇りであったのだ。

ルイス・フロイスが、

「堺の市民の傲慢で気位の高いことは非常なものである」

と、その『日本史』に記してあるほどに、誇り高い堺市民であった。そしてその気質は、誰にもまして宗易の血にも流れていた。

妻のお稲が、三好元長の娘に生まれたことを誇るのは、即ち町家の生まれである自分を蔑むことにほかならない。

「ふん」

唇をへの字に曲げた時には、宗易は宮王の広い邸宅の前に立っていた。

門を入った右手の、この家の庭にも太い桜の木があった。花びらが地面にまばらに散って、それがいかにもあでやかである。

玄関に立つと、家の中から鼓の音が高くひびいた。腹に応える鼓の音は、宮王三郎の打つ音であろう。当代にくらぶる者なしといわれるほどに宮王は鼓の名手でもあった。

通された稽古部屋には、能舞台があり、その能舞台の奥正面に、宮王が坐っていた。そしてその前に、弟子が三人、謡の稽古を受けている。舞台につづく板の間に、稽古を待つ弟子たちが、七、八人いた。中年の武士もいれば、若い商人もいる。その中に宗易の知った顔も二人ほどいた。宗易は黙礼して、一番端に坐った。

能は幾度か見ていて、その知識は宗易にもある。今、語っているのは、確か「鞍馬天狗」であろう。ちょうど桜の頃の物語で、鞍馬山の僧が、牛若丸や平家の公達をつれて、花見に出かける。そこに山伏が姿を見せると、牛若丸一人を残して、僧たちは帰った。牛若丸だけが、なぜ一人残ったかと、山伏は尋ねる。牛若丸は、自分は源氏の裔だが、他の者たちは平家の一門で、差別を受けるのだと訴える。山伏は哀れに思って、あちこちの桜の名所へ牛若丸をつれ歩く。別れに際して、自分は僧正ケ谷に住む大天狗だと告げ、牛若丸に兵法を伝え、平家追討の願いを遂げよと言って立ち去る話である。

宗易は正坐して舞台に目を注ぐ。シテ（主役）がうたう。

〈いかに申し候。只今の児（ちご）たちは皆々御帰り候に、何とて御一人（ごいちにん）これには御座候ぞ〉

只一人置かれた牛若丸への、情にあふれた山伏の声音（こわね）に、宗易はなるほどとうなずきながら耳を傾けた。それを受けて、牛若丸が答える。

〈さん候、只今の児たちは平家の一門……〉

頼りなげな牛若丸の様子には、少しくほど遠いうたい方である。と思った途端、果たして宮王からなおしが出た。

宮王は平ぜい人ざわりのよい男である。特に、あたたかい目もとが、万人の心をひきつけた。が、今、稽古をつけている宮王は、人が変わったようにきびしい面持（おもも）ちをしていた。

（なるほど、あれが宮王三郎の真骨頂！）

と、感歎した時、部屋の外に、とんとんと廊下を走る子供の足音がした。つづいて、かすかに女の声がしたようであった。

（宮王の妻女かも知れぬ）

宗易は、注意を部屋の外に向けた。宮王の妻に会ったことはない。が、その評判は

伝え聞いている。誰の口からも、

「さあて、何と形容したらよいものやら……」

と聞くばかりだが、相当の美形であることだけは疑いもない。今、かすかに聞こえたのはその声かと、思わず耳を傾けたのだ。

〈さらばと言ひて客僧は、大僧正ケ谷をわけて、雲を踏んで飛んで行く。立つ雲を踏んで飛んでゆく〉

再び舞台に心が返った。

ほどなく「鞍馬天狗」の稽古が終わって、武士が一人、町人が二人舞台に上がった。その三人を舞台において、宮王がわざわざ宗易の前に来て、ていねいに挨拶をした。

「本当にお出で下さいましたな。ご冗談とばかり思っておりましたが」

茶の湯の師である宗易に対する礼であった。

「冗談ではありません。何卒よろしくご教授のほど」

宗易も、能の弟子として礼を取った。舞台から降りると、実に柔和な静かな男だと、内心宗易は、新たな驚きをもって宮王を見た。

舞台に戻ると、宮王は鼓を持って直ちに稽古をつけはじめた。小さな几の上に、茶表紙の謡の本を置いて弟子たちはかしこまる。弟子たちもまた、舞台に上がると魂が入れ替わったような面持ちとなった。それは、茶室に入った時の茶人たちの姿にも似ていた。

宮王太夫の口がかすかに動いたと見るや、朗々とした声が部屋一杯に満ち渡った。

「春の湊の行末や、春の湊の行末や、藤戸の渡りなるらん……」

（お、藤戸か）

思わず宗易は心の中で、声を上げた。見ている弟子たちの間にも、期待に満ちた緊張が流れた。

この謡曲は、宗易の最も好きな一つである。ついこの間も、能の舞台で見たばかりだった。

佐々木三郎盛綱が、藤戸の合戦で、一人の漁夫から、海の浅瀬を教えてもらった。が、その漁夫が、他の者に同じことを告げることを恐れて、刺し殺して海に投じた。盛綱は、その漁夫のおかげで先陣の功を上げ、このあたりの領主となった。さて領主になった盛綱は、「何ごとによらず訴えある者は申し出よ」と触れを出す。盛綱は自分と、一人の老婆がまかり出て、「殺したわが子を返し給え」と訴えた。盛綱は自分の功に酔っていたが、老婆の嘆きにさすがに心打たれて老婆を慰める。そして、漁夫の供養を営む。するとその場に漁夫の亡霊が現れ、我が教えによって、恩賞を得ながら、この我に賞を与えるどころか、命を奪ったのは何事か。実はこの藤戸の湊の悪竜（あくりゅう）の水神となって、恨みに報いようと思ったが、供養によって今、成仏（じょうぶつ）することができたと、喜んで姿を消す。

　この物語が宗易の心をひくのは、領主の盛綱に、何の恐るるところもなく、恨み、嘆きを訴える老婆の強さなのだ。堺（さかい）商人は気位が高い。大名と対等で話す気概もある。だが、それは己の財に頼った強さであって、一押し強く出られれば、すぐに崩れ去るものをうちに持っている。だがこの老婆にはその弱さがない。たった一人のわが子を殺された恨みを、ひたむきに訴えている。そこに宗易は強くひかれるのだ。

〈……海士（あま）の刈る藻（も）に棲（す）む虫の、われからと音をこそ泣かめ、世をばげに何か恨みんもとよりも、因果の廻（めぐ）る小車（をぐるま）の……〉

〈……浪（なみ）の底に沈め給ひしお情なさ……〉

　宮王が謡い、弟子たちがそれにつづく。心の中で、宗易も共に謡う。謡いながら、不意に、再び妻の言葉が思い出された。

（お稲は、城を取る者が、二つとない偉い者に思っているが……）

　一人の武将が城を取る時、万骨は枯れるのだ。何の罪もないどころか、自分に浅瀬を教えてくれた漁夫をさえ、己（おの）が功名のためには、刺し殺して憚（はばか）らない。武士という者は何と酷い生き方をするものであろう。それにくらべると、茶の湯は、一人の人間の命も亡ぼさずにその道を極めることができる。いや、殺すどころか、かすり傷ひとつつけずに、この道で名を揚げることができる。人間殺し合うのが真の道か。人一人殺さずに、道を極めるのが真の男の生きざまか。女のお稲にはわからぬところであろう。

宗易は、はじめて晴れ晴れとした笑顔になった。

舞台では、弟子たちが、額から汗をしたたらせながら、懸命に宮王について謡っていく。

〈……取って引きよせ二刀刺し、そのまま海に沈めて帰りしが、さては汝が子にてありけるよな〉

弟子が謡う。宮王が謡いなおす。つづいて謡う。また、なおされる。真剣勝負を見るような、きびしい稽古がくり返される。藤戸を習うことができるのは、かなりの域に達した者たちばかりだから、のみこみも早い。が、それだけに稽古もまたきびしい。いささかの誤りも直ちに指摘される。ひき入れられるように、宗易の唇も弟子たちと共に動いていた。

三

宗易が、「桜川」をほんの数節習って、一人外に出たのは、もう七つ（午後四時）を廻った頃だった。長い春の日で、まだ日は高い。

玄関を出て、左手の庭を眺めながら、まっすぐに門に向かって行く。途中庭に入る枝折戸があって、その傍に童子が一人立っていた。

「小父ちゃま」

一見ひ弱な童子がニコニコと宗易を見上げた。宮王によく似たおもざしの四歳ぐらいの男の子である。

「おお、よい子だのう。名前は？」

宗易は大きな体を屈めて頭をなでた。童子は素直に、

「吉兵衛」

と、答えた。

「吉兵衛？　縁起のよい名だ。そして齢は幾つかな」

「四つ」

親指を一つ折って、吉兵衛は宗易の前に手を突き出した。

「ほう、与之介（よのすけ）と同じ齢か」

宗易は、なぜかふしぎに、この与之介と同じ四歳の吉兵衛に、ひどくやさしい気持ちになった。もともと宗易は、子供はきらいなほうではない。隣近所の子供たちは、宗易をみると、

「魚屋（ととや）の小父ちゃま」

と、呼びかける。だが、この吉兵衛ほどに、会って直ちに愛らしく思った幼子はいなかった。

「小父ちゃまも、謡をなさるの？」

「うむ、……今日からな。坊やも謡を習っているのか」

「はい、父（とと）さまから」

はじらいの色が、吉兵衛の青白い頬（ほお）に浮かんだ。その弱くやさしい表情は、わが子与之介にはないものだった。それが、宗易の心をひいたのかも知れない。その時、

「吉坊、吉坊」

涼しい声が枝折戸の向こうの庭から聞こえてきた。三百坪もあろうか、広く深い庭である。日の光に、濃緑の椿（つばき）の葉がぬれたように光っている。ひと群れの女竹（めだけ）が風にさやいだ。声の主は、どうやらその植えこみの陰にいるらしい。

吉兵衛はちょっと首をすくめて、宗易のうしろにかくれた。

「吉坊」

声の主が近づく気配がした。

宗易は、吉兵衛をうしろに、屈んだまま声の主を待った。枝折戸が徐々にあいて、声の主が姿を現した。

その姿を宗易はひと目見て、ハッと息をのんで立ち上がった。花の精が、枝折戸から体を半身見せているとしか、いいようがない。なるほど、幾人もの男たちが、

「さあて、何と形容したらよいものやら」

と讃歎したのも、決して大仰ではなかったのだと納得した。

あでやかな女なら、色里で幾人も見た。整った顔立ちというのなら妻のお稲も十人並み以上だ。しとやかな女性というなら、幾人となく商家の内儀に見ているが、この女性の美しさを何と言い現したらよいのであろう。

そんな思いが、一瞬の間に宗易の胸をかすめた時、女もまた枝折戸のすぐ傍に思いがけない宗易の姿を見て、その目を大きく見ひらいたが、すぐに長いまつ毛を静かに伏せた。と同時に、小腰を屈め、

「これは失礼をいたしました」

と挨拶をした。

女にしてはやや高過ぎるかと見える鼻が、形のよい小さな唇と調和して、かえってつつましくさえ見える。

「いや、こちらこそ……」

あわてて礼を返す宗易のうしろから、

「バアー」

と、吉兵衛が顔をのぞかせた。

「まあ！　お客様の……」

言いかける言葉を遮って、

「なんの、かまいませぬ。二人で、今、仲よくなったところです」

と、ようやく宗易は、自分を取り戻した語調になった。

「え？　仲よしに？」

「さようです。このお子と仲よくなりましてな」

仲よいという言葉が、宗易には不自然には思われなかった。幼子の吉兵衛と自分の間に、少しの隙もなく、ぴったりと密接したものをふしぎなほどに感じた宗易であった。その宗易の袖につかまって、吉兵衛がニコニコと女を見上げていた。

「この子が人様に、このように馴つきましたとは。今までになかったことでございます」

宗易に親しげなまなざしを女は見せた。

「失礼ながら、宮王太夫様の御新造でいられますか」

思い切って宗易は尋ねた。女はさっと頬を赤らめて、

「まあ、これはご挨拶も申し上げず……何やら気が動転しておりまして。宮王の家内、りきにございます」

深々と頭を下げた。

「おお、やはりさようでしたか。いや、こちらこそ申しおくれて失礼いたしました。千宗易でございます。以後お見知りおきのほどを」

名乗った途端、宮王の妻、おりきはハッと驚き、

「え!? あなた様が千宗易様……」

ありありと畏敬の表情を見せた。

宗易の心は躍った。自分の名を聞いた途端、これほどまでに畏敬の思いを示してくれた女は、かつてなかった。一体この女は、自分の何に畏敬の念を抱いてくれたのであろう。それは単なる己が夫の師に対する畏敬とは、ちがったものに思われた。

帰り道の、宗易の足取りは軽かった。花の精かと思われるほどの、おりきの美しさと、自分の名を聞いて示したその面持ちとが、若い宗易の心をたかぶらせていた。出がけに、心に刺さった妻の言葉があっただけに、おりきに会った喜びもまた大きかった。

（それにしても、あの聖なる艶かしさは、一体何にたとえたらよいのであろう）

心の中でくり返しくり返し思いながら、宗易は傾きかけた三月の日を背に、家路を急いでいた。

これが、茶聖千利休と、後の妻宗恩、そして千家二代目少庵との奇しき出会いであった。

白　帆

一

時はやがて、七つ半（午前五時）になろうとしている。雀の囀りが聞こえはじめた。

千家の茶室の中にいるのは千宗易と、宮王三郎の只二人だけである。今、宮王は、風炉にかかった雲竜釜から、湯を汲み出そうとしていた。

（なるほど）

宮王の挙止の美しさに、宗易は改めて心の中で讃嘆した。幼年の時から能の修業をしてきた宮王の所作には、他の者には容易に真似のできない美しさがあるのだ。わけても歩き方には気品がある。

つい先日、宗易は宮王の門下に入った。まだ一度しか稽古場を訪れていないが、その一度が、宗易に大きな影響を与えた。今までも、能はしばしば見てきた。が、宮王の門下に入って、謡から学びはじめてみると、今まで見えなかったものが全般にわたって見えてきた。今、宮王の茶の湯の稽古を見ていて、以前とはちがった発見があることを宗易は思わずにはいられなかった。

雀が囀る。湯が滾る。いかにも静かな春の朝であった。

（なるほど。シテ〈主役〉の点前だ）

宗易は思った。同じ茶を点てても、本当に亭主になっている点前はめったにない。亭主大抵の弟子は、師の前では、点前をしていても亭主にはなり切ることは少ない。亭主としての心入れがないからだ。いや、稽古を受けている時ばかりではない。茶会を催して客を呼ぶ域に達しているほどの者でも、優れた客人を招くと、稽古を受けている弟子のようなぎごちなさが、時に現れる。

その点、宮王三郎は、常々舞台の上にシテを勤めているだけあって、稽古を受けている今も、亭主になりきっている。同じ亭主でも、シテの亭主もあれば、ワキの亭主もあると、宗易はおもしろく思った。一芸に達しているということは、こういうことなのだと宗易は合点した。

茶の稽古が終わった。

「お見事でした」

心から宗易はそう言った。

「は？」

宮王はおだやかな目を宗易に向けたが、

「ありがとうございました」

と、ていねいに一礼した。

「人間、もののわかりかたに、様々の段階がありますなあ」

思いのこもった宗易の言葉に、

「ひと舞台ごとに、わたしもそのように思います」

宮王が答えた。

今度は宗易が茶を点てた。茶碗は先ほどの珠光茶碗から高麗茶碗に替わった。蓋置きは引切で、建水は面桶である。宗易は、稽古の時と雖も、茶会の時と道具を区別することはない。稽古の時と茶会の時と、茶の湯に相違があってはならない。常々心を入れて道具を使ってこそ、不断に目も養われ、まことの茶が点てられると、宗易は思っている。それは「一期一会」という心にも通ずることなのだ。宮王は静かなまなざしで、宗易の手の動き、道具のあしらい方をみつめていた。宮王は、武野紹鷗についたこともある。方々の茶会に招かれて、様々の茶人の点前も見てきた。だが、この宗易ほどに、ほんのかすかな油断もなく、それでいて無限のひろがりを見せるゆとりを持った茶人もいないと、会う度に思う。

能の世界も、真剣勝負と同じである。後世、剣の達人柳生但馬守が、能を観覧していた時の話に、次のような話がある。

シテの、寸分の隙のなさに但馬守は驚嘆した。これが剣の相手なら全く打ちこむ隙がない。息をつめて見ているうちに、やがて能役者は舞台にしつらえてある井戸をさしのぞいた。その一瞬、但馬守は初めて隙を見いだし、思わず客席から、

「やっ！」

と、声をかけたという。舞台が終えて、但馬守はその能役者にあやまったところ、能役者は、あの時、さしのぞいた井戸の中に、黒い糸屑を見て、はっと心がゆらいだと告げたとか。それほどに、能舞台を勤める役者には、いささかのたるみもゆるされない。

常々そのようにきびしい舞台を勤めている宮王には、宗易の茶も真剣勝負に似ていると思うのだ。

いかなるときも、宗易の茶室の炭は、正に茶を点てんとする時に、まちがいなく釜の湯の音を滾らす。それが決して、早くも遅くもない。只の一度もその時を違えたことがない。その一事だけでも宮王には大きな驚きであった。

「桜の季も過ぎましたな」

稽古が終わって、宗易が言った。

「やがてまた夏がやって参りますな」

二人は顔を見合わせて微笑した。宮王の静かさに、宗易の心はいつも安らぎを与えられる。宗易は、宮王というひと時が、得がたいものに思われてならない。

雀の声が一層にぎわしくなってきた。が、広い邸内の一隅にあるこの茶室には、家人の起きた気配も聞こえず、深山にいるような静けさである。

「先日は、妻が庭先にてお目にかかったと申しておりましたが、失礼をいたしました」

「いやいや、こちらこそ」

不意に宗易の胸が波立った。顔のほてる思いであった。おりきを見かけて以来、今日まで五日間、宗易の心の世界は新しく彩(いろど)られた。おりきの透きとおるようななめらかな肌(はだ)の色、あの地上の者とも思えぬような清らかな瞳(ひとみ)。そのおりきにとらわれた自分の心を、宗易は自分自身でどうしようもなかったのだ。

今まで、茶の湯以外に自分の心を捉(とら)えるものはなかったような気がする。女性(にょしょう)に会って、その面影(おもかげ)に悩まされたことは、宗易にはないことであった。宗易にとって、女性はそれほど大きな存在ではなかった。それがおりきに会ってから女性という存在が大きなものになった。といって、それは単なる色香に迷ったという状態ともちがった。もっと高い所におりきはいた。仰ぎみたいような、そんな存在であった。が、誰(だれ)にもそれは語りえない思いであった。

「ご新造には、あの日初めてお目にかかりましてな……」

つづく言葉を飲みこんだ宗易を、宮王は邪気のないまなざしで見て、

「妻は、わたしが常に語って聞かせているお方にお目にかかれて、大変喜んでおりま

した。あの方は只のお人ではないなどと申しましてな」

「それは恐れ入りました。わたしなどは全くの只の人でして」

へりくだりながらも宗易は、只一度会っただけの自分を、只の人ではないと評価してくれたおりきの言葉が、うれしかった。

「いや、妻はまだ、年は若うございますが、意外と……的を射たことを申します」

「確かに聡き女性に思われましたが、おいくつになられる？」

「十七歳で」

「ほほう、それはお若い」

宗易の声が高かった。妻のお稲より、七つも若い。

「わたしの所に参りましたのが、十三歳でしてな」

「ほう、十三歳。それはそれは」

宗易は、十三歳のおりきを胸に描きながら答えた。

「早く父母を亡くしまして。同じ能仲間の娘でしたが、気立てがよいので、勧められるままに、まあ、預かるつもりで娶りました」

「いや、いや、気立ても、ご器量も、知恵も優れた女性のようで……」

「なんの、それほどでもありませぬが、只、あれは珍しいことに茶の湯を好みましてな」

「茶の湯を!?」

茶の湯は男たちのたしなむ道であった。女が茶会に招かれたり、招いたりすることは当時全くなかった。たとい茶人の妻女であっても、茶の湯の席に顔を出すようなことはなかった。僅かに水屋で手伝うことはあったとしても、客と顔を合わせるということは、女にはなかった。で、宮王も千宗易の茶室に出入りしながら、その妻のお稲に会ったことはない。

それは、能楽の世界においても同じであった。客への応接は男の弟子たちがして、妻のおりきが直接稽古場に顔を出すということはなかった。それはともかく、こうした社会において、おりきが茶の湯を好むという話は、宗易には驚くべきことであった。

「わたしの稽古の相手になってくれておりまして、腕前はわたしより上かも知れませぬ」

宮王は低く笑った。低くはあっても、張りのある笑い声であった。

「ところで、侘びとはいかなるものかと尋ねられましてな。わかっているつもりで、面と向かって尋ねられると、即座には答えかねました」

あのおりきが、侘びとは何かと尋ねている姿を想像することは楽しかった。

「さて、何と申したらよいでしょう。以心伝心のような、伝えきれない言葉と思います。侘びという言葉は。わたしの師紹鷗は、新古今集の定家朝臣の歌をよく引きましたな。

見渡せば花も紅葉もなかりけり
浦の苫屋の秋の夕暮

と申す歌ですが」

宗易の言葉に宮王はうなずいて、

「見渡せば花も紅葉もなかりけり浦の苫屋の秋の夕暮……」

一句一句嚙みしめるように反覆した。

「この歌が、侘び茶の心だと言われたことがあります」

「ほほう。それはいかなる意でありましょうか」

「つまり、花や紅葉というのは、道具をたくさん並べて見せる書院台子の茶の湯でしょう。書院台子の茶の湯は、広い書院に、掛け軸のみにても何幅もかけるのはご承知のとおり。結構な名物も何品となく飾られる。が、浦の苫屋には、その花も紅葉もない。つまり無一物の境地と言えますか」

「なるほど。では、いきなり無一物の境地で始めれば……」

「いや、そうは参りますまい。道具の真の価値を知って始めて、藁葺(わらぶ)きの漁師の小屋(しょうおく)の境趣もわかろうというもの」

「なるほど。道具のよしあしもわからずに、いきなり侘びの境地には至れぬものでしょうな」

「仰(おお)せのとおりと思います。珠光などは、『藁屋に名馬つなぎたるがよし』と言われたとか、これは有名なことで、むろんご存じでしょう」

「聞いております。が、これは幾様にも取れる言葉で……。貧しい藁屋に名馬がつながれているのは、風情(ふぜい)があるということでしょうか」

「実のところ、わたしにもよくわかりませんが、そのような意かと思われます。貧しい部屋に、立派な茶の湯の道具がある。反対に、立派な部屋に、無名の作がある。共に、一つの侘びの境地というのでしょうか」

「なるほど。粗末な座敷に粗末な道具では、侘びにはなりませんか」

「多分そうなのでしょう。だが、その粗末な部屋に粗末な道具の茶の湯が、あるいはまことの茶の湯ではないかと思うことがありましてな。となると、名馬はいずこに、というこになるのでしょうが、その名馬こそ茶人でなければならぬ気もいたしますな」

「なるほどなるほど！」

宮王は扇子で膝を二度叩いた。遠くから物売りの声がのどかに聞こえてきた。アサリ売りの声でもあろうか。

二

その日の午後。

宗易は自室で、一人茶杓を削っていた。午後から次第に雲が厚くなり、茶杓を削る手もとが少し暗い。

（珍しい女性だ）

今朝、宮王から聞いたおりきの言葉で、まだ心にほてりがある。この自分をひと目見ただけで、只の人ではないと言ったというおりきに、傾くまいとしても傾いていく気持ちを宗易はおさえることができなかった。畏敬の目をもってみつめてくれたおりきの澄みとおった瞳が、幾度も会った人のもののように、鮮やかに思い出された。わけても、茶の湯を好む女という宮王の言葉は宗易を喜ばせた。茶の湯をないがしろにする妻のお稲とはちがう。

（おりきか……）

心の中でその名を呼んだ時であった。襖のひらく音がして、お稲が入って来た。お稲は、茶杓を削っている宗易の手もとにちらりと目をやった途端、口もとに冷笑を浮かべた。が、わざと、常よりも宗易のそば近く坐って、

「阿波の春もたけなわでしょう」

と、甘えるように言った。足も横ずわりに崩している。着物の裾から、桜色の足がのぞいている。むっちりとした足であった。お稲は時と所を選ばず、こうした媚態を示す女であった。

「うん。阿波の春な。美しいことであろうな」

阿波はお稲の故郷であり、異腹の兄三好長慶の領国であった。

「皮屋殿が、いたく忙しいと聞いております」

お稲が意味ありげなまなざしになった。皮屋は武野紹鷗の店で、武具を商い、長慶の御用商でもある。

「うむ。長慶殿が、また大きな戦をもくろんでおられるのだろう。ご苦労なことじゃ」

宗易の豊かな片頬に、皮肉な微笑がかすかに浮かび、すぐに消えた。

今、お稲は、阿波の春を言い、長慶の御用商皮屋のことを言い出した。宗易にはそのお稲の胸のうちがわかっていた。春ごとに、お稲は必ず阿波に帰りたいと言い出すのである。今もまた、阿波に遊びたいと、お稲は言いたいのであろう。だが、宗易はそ知らぬ顔をして、茶杓を削る手をとめない。

「旦那さま。兄は本当に、人さまがうわさしているように、近畿を平定するのでしょうか」

「されるであろうな。皮屋殿が忙しくなれば、必ず戦が起きる」

町人には迷惑なことだ、という言葉は心の中におさめて、宗易は削り終わった茶杓を、少し離して眺めた。丸みの部分にやや歪みがある。

(この歪みがよいのだ)

宗易は満足して、茶杓を傍らの料紙の上においた。

「ほんに、細川晴元を討つまでは、戦いが止むはずはありませんもの」

お稲の厚めの唇が、賢しげに動いた。愛らしい口もとなのだが、血色のよすぎるのが、宗易にはかえって、はしたなく見えた。宗易はふっと、宮王の妻おりきの桜の花びらのような唇を思い浮かべて、

「細川晴元か」

と相づちを打った。細川晴元は三好長慶の主筋である。が、その晴元が、木沢長政とともに長慶の父元長を倒し、長慶はその父の仇晴元を、絶えず狙い、圧迫しつづけていた。今は誰の目にも、晴元は長慶の敵ではなかった。晴元は将軍義輝を擁して逃げまわっていた。その晴元との決着も、次の戦いで着くにちがいない。

「兄は本当に強いこと。国の者たちも、さぞ鼻が高いことでしょう」

ついこの間まで、細川家の所領であった淡路島も、今は三好家のものに変わっている。今、ふるさとに帰りたいと願うお稲の気持ちには、奢りがあった。

「旦那さま」

片手をついてお稲は宗易を見上げた。着物の裾が一層崩れて、足首までのぞかせている。こうした媚態だけが、男の心を動かすとお稲は信じているようだった。

「何だ」

「阿波に一度、帰ってみたい」

上眼づかいにお稲は宗易を見た。宗易はじろりとお稲を一瞥したが、片手を突いて自分を見上げているお稲を見ると、ふと哀れにも思った。

「帰りたいか」

おだやかな宗易の言葉に、お稲は更に甘えた声で、

「はい、どうしても」

と、首を傾けて見せた。

「では、帰ってみるのもよかろう」

思いがけない返事であった。

「ま！　まことでございますか」

「まことだ」

「帰ってもよろしいのでございますか」

「よろしい。ひと月でも、ふた月でも……」

「ありがとうございます」

お稲の手が宗易の膝におかれた。

お稲には信じられなかった。去年までは、帰りたいとねがうごとに、宗易は不機嫌になった。

「海賊が出没する」

「戦国の世に、女の旅は危険じゃ」

こう言って、頑として帰すことを拒んだ。宗易がお稲を阿波に帰さなかったのは、

お稲の心のうちに、町家である千家を軽んじ、夫の宗易を軽んずる思いがあるのを知っているからであった。

今のお稲には、一層その思いが募っている。それを知っていて、帰す気になったのは、宗易自身にもふしぎなことであった。おりきという女性が、宗易の心の奥深く棲みついた故であることを、宗易自身もまだ気づいてはいなかった。只、お稲を帰してやるのに、ふしぎに抵抗を感じなかっただけである。

喜ぶお稲に宗易は言った。

「だが、おゆうも与之介も置いていくのじゃぞ」

「いたしかたござりません。おゆうは六歳、与之介ももう四歳。ひと月やふた月、わたくしがおりませんでも……」

お稲はうきうきとして、幼子たちの淋しさを思いやるふうもなかった。

三

白壁の土蔵の建ち並ぶ港沿いの道を、宗易、お稲、おゆう、与之介、そして店の者が四、五人、近隣の者が数人、つれだって歩いて行く。いつも波のおだやかな堺の港には、商品の卸売りをする問丸、御用船、材木船が、出たり入ったり、賑やかである。

船上で働く者の声が、潮風に乗って遠く近く聞こえるのも趣があった。その声に誘われた与之介が、

「おーい」

と、おさない声を張り上げて、おとなたちを笑わせた。

「よい日和じゃ」

宗易は、先程言った言葉をくり返して空を見上げた。カモメが、春の日を受けて飛び交っている。一行は船着き場に着いた。船着き場のそばには縁台が幾つか並んでいる。その縁台に腰をおろして、船の着くのを待っている人々がいた。

「ととさま、あんなに小さな舟が、あんなに早く」

六歳のおゆうが、お稲によく似たまるい目を宗易に向けて袖を引く。

「おお、あれか。あれは伝馬船じゃ」

「てんません？」

おゆうと与之介が異口同音に聞き返した。

「うん、伝馬船は与之介のようじゃ。小さいが、はしっこくてな」

宗易が頭をなでると、見送りの人々と話をしていたお稲がふり返って、

「ほんに」

と、与之介の肩に手をおき、

「かかさまの留守中、あまり走りまわって、けがなどをしてはなりませんよ」

と言う。与之介が、

「かかさまは、いつも、走りまわれ、走りまわれと言いなさるのに」

と口を尖らす。が、すぐに、帆をたたむ船、帆を張る船に珍しそうに目を向けて、

「あれは何？」

「あそこにあるのは何」

と、尋ねるのに忙しい。とその時、宗易は、早足に近づいて来る旅姿の宮王三郎を見た。総勢十人もいるであろうか。宗易に気づくと、宮王は例の柔和な微笑を見せ、

「おや、珍しい所でお目にかかりましたな」

と一礼した。

「旅装束で、何処へ行かれる？」

驚く宗易に、

「実は、三好長慶殿から火急のお召しでな、阿波にて一舞舞わねばなりませぬ」

と、楽しげに言った。一行は、鼓、笛、太鼓、そして謡などの面々であろう。何れも元気そうな男たちばかりであった。

「ほう。長慶殿は今、阿波に戻っていられるか」

「長慶殿はあわただしい帰国で、十日ばかり阿波にご滞在とか。して宗易殿はどなたかお見送りか」

「妻が阿波にひと月ほど……、おおそうだ。宮王殿なら安心してお願いできる」

と、見送りの者と話していたお稲を、宗易は、

「お稲、お稲」

と、急いでさし招いた。

「お稲、このかたがいつもおせわになっている宮王太夫殿じゃ。宮王殿、これが妻の稲です」

お稲は頭を少し下げて、

「稲でございます」

と、形ばかりの挨拶をした。お稲には、能楽などをなりわいとする者を、頭から見下していた。その表情がありありと見えて、宗易は思わず眉をひそめたが、宮王は、そうしたあしらいには馴れているのであろう。表情にいささかのかげりもなく、

「よろしくお見知りおきのほどを」

と、卑下と見えぬ程度に、ていねいに頭を下げた。

「お稲。宮王殿はな、長慶殿のお召しで、阿波に参られる。途中をよろしくおねがいするがよい」

お稲は一瞬不満そうに宗易をみつめたが、不意に表情を柔らげて、

「ま、さようでござりましたか。兄の長慶は阿波にいるのでござりますか。それなら何よりの幸せ。道中よろしくおねがいいたします」

と、声まで華やいだ。

長慶は戦に忙しく、阿波を留守にしているはずだった。たとえ長慶が阿波にいたとしても、お稲が馴れ馴れしく訪ねて行ける相手ではない。ここ数年訪ねても来ない長慶とは、縁の切れたも同然であった。その長慶から、火急の召しを受けた宮王と昵懇になることは、今のお稲にとって得策であった。そう素早くお稲は計算したようであった。

大きな帆が音を立ててはためき、徳島丸が近づいて来た。

やがて、人々がぞろぞろと船に乗りはじめた。背に大きな荷物を背負った男たちや、巡礼にでも出るのであろうか、足もとのおぼつかない白装束の老人や、町人ふうの男、編み笠をかぶった武士、僧形の者などが、次々と船に乗りこむ。だが、女の姿はほとんどない。

「では、旦那さま、行って参ります。おゆう、与之介、おとなしゅう待っているのですよ」

さすがにお稲は、母親らしく小腰を屈(かが)めて子供たちの顔をのぞきこんだ。

と、それまではしゃいでいた与之介が、いきなりお稲にむしゃぶりついて、

「いやじゃ、いやじゃ、かかさまはどこへいく」

と、泣き声を上げた。

「ま、聞きわけのない。かかさまは阿波に行って来ると幾日も前から与之介に申したではありませんか」

「あわにいくといったけど……おふねにのっていくとはいわなかった。あわはすぐじゃとおもった。おふねにのるなら、いってはならぬ」

泣きながらも、言葉だけははっきり言う。

「与之介、与之介はよい子じゃ」

宗易は与之介の肩に手をかけ、

「この船は阿波までひと走りじゃ。母はすぐ戻る。男(お)の子は、人さまの前で涙を見せてはならぬ」

だが与之介は激しく首を横にふり、

「いやじゃ、いやじゃ。かかさまはいってはならぬ。いってはならぬ」

なおもお稲にしがみつく。無理に引き離そうとしても、狂ったようにむしゃぶりつく与之介に、どうしてやりようもない。

と、その時であった。愛らしい声が与之介のすぐそばに聞こえた。

「ととさま、ごきげんよう」

今着いたばかりであろう。見送り人の垣をくぐりぬけて前に出た、宮王の長男吉兵衛の声であった。おさないとはいえ、父宮王に謡を習っている吉兵衛の声には、あたりを払うものがあった。その声に、真っ先にふり返ったのは、お稲にしがみついていた与之介だった。与之介は、傍らに、自分と同じ年ごろの吉兵衛を見て、お稲の体から手を離した。お稲が得たりと言った。

「なんと与之介、そのお子はおりこうなお子であろう。ととさまを機嫌よくお見送りしておりますよ」

与之介は負けん気を眉宇にみなぎらせて、唇をきゅっと結んだ。吉兵衛は、与之介には気づかず、頭をなでてくれる父の宮王にいった。

「ととさま、おみやげを買うてきて」

じっと、睨みつけるように吉兵衛を見ていた与之介が、その時お稲を見上げて、

「かかさま、わしはみやげなどいらん。すぐ帰ってや」

と、一歩二歩うしろに退って、涙をこらえた。宗易はほっとして、すぐに与之介の手を取り、

「おお、与之介はよい子じゃ、聞きわけのよい子じゃ」

と、す早くお稲に目くばせをした。お稲がうなずいて、

「では」

と、見送りの者たちに一礼して背を向けた。宮王も、宗易たちに一揖して、お稲のあとにつづいた。

船に乗ったお稲を、与之介はかっと目をみひらいて見つめている。そのすぐ傍らに、吉兵衛が、やさしい顔をして父の宮王に手をふった。宗易はその与之介と吉兵衛を抱えるようにして、お稲と宮王を交互に眺めやっていた。必死に悲しさをこらえている与之介が、しみじみと不憫であった。そして、まだ四歳の与之介を置いてでも、国に帰りたいというお稲の心根がひどく邪慳に思われた。

姉娘のおゆうは、弟の与之介に泣かれて、かえって泣くこともできず、ひとことの言葉も発せずに船の上の母をみつめている。それがまた、宗易には不憫であった。

三寸、一尺と、徐々に船が、船着き場を離れはじめた。見送り人がそれぞれに手を

ふる。別れの言葉を叫ぶ。船上の者も呼応する。

「ととさま！」

吉兵衛も叫ぶ。が与之介は母を呼ぶ声もでない。母を呼べば涙が出るのだ。

船はみるみるうちに白い帆に風をはらんで遠ざかって行く。カモメが、二、三羽その船を追いながら舞う。

宗易は、遠くなった船から目を離して、あたりを見まわした。吉兵衛が現れた時から、宗易の心はおどっていた。吉兵衛が見送りに来た以上、母のおりきも来ているにちがいないからだ。

見送りの人垣が崩れた。果たしてうしろの松の木陰に、おりきのすっきりとした立ち姿があった。

三保(みほ)の松原に現れた天女も、おりきほど美しくはなかったであろうと思いながら、宗易はおりきのほうに歩いて行った。おりきもまた二、三歩、歩み出て、宗易を待った。

「先日は失礼いたしました」

宗易が言い、

「こちらこそ、大変失礼を申し上げました」

と、おりきが言った。宗易は、そのあとにつづけるべき言葉を探した。が、どんな言葉も、価値もない、徒らな言葉に思われて、おりきの顔に視線をあてていた。はじらっておりきがうつむいた。はっとして宗易は、

「船旅にはよい日和。宮王殿は阿波に参られるとか」

「はい。いつもお召しは火急なことが多うござります」

「なるほど。武将たちは、こちらの都合など考慮いたさぬからの」

宗易の語調に、おりきは驚いたように目を見張った。それは、宗易の武将たちに対する批判があらわに出ていたからだった。おりきはにっこりと笑って、宗易の目をみつめた。その微笑の中に、宗易は、自分の心に通う同じ思いを見たように思った。それだけで宗易は心が満ち足りた。

ふとふり返ると、徳島丸の船影が沖に小さくかすんでいた。波が春の光を弾き、目に眩い。宗易は、まだ同じ所に立って船を見送っている与之介と、吉兵衛のそばに戻った。おりきも宗易につづく。いつの間にか、吉兵衛の小さな手が、与之介の手を取っていた。おゆうはその傍らに屈んで、地面に何かを書いている。

「よいお子たちですこと」

与之介とおゆうの顔をさしのぞくようにしたおりきを、見向きもせずに与之介は船

影から一瞬も目を離さなかった。

堺の商人

一

(早いものだ。あれから丸六年になる)

宗易は、一人、堺の浜べに立って、海を眺めていた。陰暦九月も末、風は首すじに冷たかったが、宗易はまたたきもせずに、遠く、西の沖に見える淡路島をみつめていた。秋の日は傾いて、今まさに淡路島に落ちようとしている。赤い夕日であった。

この浜に、妻のお稲が、宮王の一行と共に四国の阿波に向けて旅立ったのは、六年前の春、桜の散り終わる頃であった。あれからひと月ほどして、思ったよりもはるかに早く、お稲は帰宅した。そのお稲を送ってきたのは、思いがけなくお稲の異腹の兄、三好長慶であった。長慶は日頃のぶさたを詫び、

「わがまま者の稲だが、よろしく頼む」

と、ていねいに頭を下げ、茶を一服する暇もなく、玄関先から立ち去った。長慶は、その足で、摂津に細川晴元と行を共にしている三好政長らを追ったのである。長慶は阿波からの援軍を従えていた。騎馬隊がつづき、その後を荷駄の隊列が長くつづいた。

その時の、馬上から自分を見た長慶のまなざしに、あたたかさと信頼の色があったことを、宗易は忘れない。長慶はその戦いで政長を倒し、晴元を近江に散らした。

阿波から帰っての、お稲の態度が微妙に変わっていたことも、宗易は思い出す。お稲は阿波に行って、想像を超えての厚遇を受けたのだった。

「おお、しばらくであったな。戦にかまけて、お前のことはすっかり忘れていた。悪いことをした」

率直に長慶は詫び、宗易との生活を、こまごまと尋ねたという。

「商売はどうか」

「亭主どのはかわいがってくれるであろうな」

「子供は幾人になったか」

その一語一語は、お稲にとって、ひどく身に沁みる言葉であった。いや、長慶だけではない。長慶の弟、之康（実休）はお稲をよりあたたかく遇し、土産に小袖を何枚も持たせてくれた。その二人に、お稲は、宗易の茶に不服をのべて、きびしく叱責された。お稲は甘えてこう言ったのである。

「宗易さまは、朝から晩まで茶の湯ばかり。つまらぬことに熱中して……」

と、その言葉に長慶が、崩していた相好をきっと引きしめて言った。

「お稲、言葉が過ぎようぞ。そなたは茶の湯を一体何と心得る。今、吾々武将も、茶の湯には何とかして長じたいものと、戦陣にあってさえ、閑あれば茶を学んでおる。ここにおる之康も、その道には甚だ熱心な男ぞ」

思いがけない長慶のきびしい言葉に、お稲はかしこまった。あとを受けて之康もさとした。

「人間、武力を持つのも悪いとは言わぬが、しかし、本当に人間らしく生きるためには、茶の湯を極めることのほうが、大切かも知れぬ。そのぐらいのことは、女のお前もしかと知っておくがよい」

之康は、茶人三好実休としても、人に知られつつある存在だった。

「のう之康。わしも本当を言えば、槍をかついで戦場を駆けめぐるよりも、歌を詠み、茶を点てて、静かに一生を送りたいものじゃ」

長慶は豪傑笑いをしたが、お稲は顔を上げ得なかった。自分が軽蔑し切っていた夫宗易の茶の湯は、自分が思っていた以上に、尊いことなのだと、お稲も知らされたかお稲はそのことを、阿波から帰って間もなく、寝物語りに宗易に語った。その点お稲は、正直な女であった。

だが、宗易はそれを聞いても、別段うれしくもなかった。

(今からでは遅い)

あの時心の中で呟(つぶや)いたことを宗易は覚えている。それまでの幾年か、お稲は絶えず宗易に冷水を浴びせてきた。そのことに、どれほど宗易が苦い思いを味わってきたか、お稲には想像もできないにちがいない。その宗易の冷えた心に、既に新しい火がついていた。それはあの、宮王三郎の妻、おりきである。おりきがつけた火を、も早お稲は吹き消すことはできなかったのだ。

(遅かったぞお稲)

幾度か今日まで、宗易はそうくり返し、胸の中で嘆じて来た。

お稲が以前とは打って変わって細やかな情愛を見せれば見せるほど、宗易は白じらしい思いになったものである。

(長慶の言葉があったから、お稲は変わったのだ)

宗易はそう思う。長慶がもし茶の湯を尊ばなければ、他の誰(だれ)が何といおうと、お稲は依然として、この自分を侮蔑しつづけたにちがいない。ということは、つまりお稲は、武将である長慶を、夫の自分以上に尊敬しているということではないか。宗易には、お稲の態度が変わったことを、どうしても喜べなかったのである。

その後、長慶は部下の松永久秀と共に細川晴元と戦い、常に晴元に勝ちつづけてきた。この松永久秀は、長慶配下のきけ者として台頭しはじめ、京都の庶民に地子銭（宅地税）を課し、市民から怨嗟の声が上がっているという評判があった。とはいえ、一応近畿一帯は今、長慶の勢力下にあると言ってよかった。

この六年の間に、京都、東山、大津などが、長慶の戦火によって焼かれた。が、ここ堺だけは二百五十年来の安穏な日々が保たれてきた。それはなぜか。堺の町は富んでいたからである。堺の富商たちは、武将たちに様々な物資や軍用金を用立て、且つ武器や武具を製造して商った。こうした堺の町を戦火に荒らすことは、余程の力ある武将でも不可能であった。海を西に控え、他の三方は濠で囲まれた堺の町は、城門ともいうべき堅固な木戸を、その出入り口に持っていた。しかも各富商には、それぞれ年来の昵懇の大名がおり、その大名たちが、互いに牽制しあっていたから、堺の町に無思慮に踏みこむ武将はなかった。

この堺の商人たちの間には、茶の湯が盛んであった。故に大名たちは、堺の商人と交わるために茶の湯を学ばねばならぬという風潮さえ生じた。茶器や墨跡などが高価に取引され、一品一千貫という名器名物も少なくなかった。銭一貫は、米一石を購える価があったから、一千貫は正に一千石扶持と同じ価である。そのような名器を、何十となく有する堺の商人たちの富力は、大名たちにとって大きな圧力でもあった。日本のどこかで今日も戦いが起きているはずである。天文二十四年の今、諸国には、武将たちのほか、一向衆や山伏たちが絶えず蠢動していた。そんな中で、矢叫びの声を聞くこともない堺の町は、確かに平和であった。

だが、今、真っ赤に燃えながら、動くともなく動いて、淡路の島陰に落ちていく夕日を眺める宗易の胸には、耐え難く淋しい男の思いがあった。あの淡路島の向こうには、四国がある。阿波の国がある。そこにはおりきがいた。

六年前、お稲と同じ船で、阿波に向かった宮王三郎は、あの翌年、不意に小鼓が打てなくなった。当代の小鼓の名手として鳴りひびいていた宮王にとって、これは致命的な事態であった。その宮王に救いの手を伸ばしたのは、実に阿波の三好実休であった。実休はお伽衆として、宮王を招いたのである。宮王が、妻のおりきと息子の吉兵衛をつれて阿波に渡ったのは、天文二十年の夏であった。

宗易が、宮王から習った謡曲は、最初の「桜川」につづいて「関寺小町」と「藤戸」の僅かに三番だけであった。このむずかしい謡曲を、宮王がいきなり宗易に教えたのは、宗易の勘が著しく秀でていた故もあったが、宮王自身、自分の手に違和感を覚え、能役者としての寿命を感じとっていたからかも知れない。その、手を病むに至った宮王に、お伽衆として生きる道が与えられたのである。お伽衆は、大名を相手に、様々の話をして聞かさなければならない。武辺話もある。世間話もある。政治向きの話もあれば、教養、芸能一般にわたる話もある。人間としての奥行きもあり、見識も、そして話術も優れていなければならない。その点、宮王は鼓は打てなくなっても、謡うことはできる。方々の武将に招かれて、数多くの舞台を踏んでいるから、諸国の様子を伝えるにも、事は欠かない。茶人としての教養もある。茶人三好実休にとっては、宮王はまさに格好なお伽衆であった。

しかし、不幸にして宮王は、それから二年経った天文二十二年二月、阿波の国に果てた。命ともいうべき手が不自由になった宮王は、やはり生きる力が萎えていたのかも知れない。

(宮王が逝って、二年半……)

残されたおりきと吉兵衛は、いかに暮らしていることかと、宗易はそれ以来、よくこの浜べに来て、夕日を眺めながら思うのだ。おりきは、実休の寵い者になるのではないか。長慶の側室になるのではないか、という不安が時折胸をかすめる。あのおりきほどに美しい女を、誰も捨てておくはずはないと、いら立つこともある。

宮王がおりきや吉兵衛を伴ってこの浜を発った日、宗易は自分の足から力が脱け去るのを、ありありと感じたものであった。淡路の洲本に寄るというその船は、かぐろい島影にとけこむように消えて行った。それはあたかも、暗い運命の中にとけこんで行ったような思いを、今になって抱かせるのだ。

（実休の庇護のもとに、おりきはいかが暮らしているのであろう）

幾度となくくり返した呟きを、今また胸の中に呟いた時だった。

「大きな夕焼けよのう」

宗易の背後に声がした。宗易の師武野紹鷗であった。その紹鷗の肩越しに、夕日に赤く映えた土蔵の白壁が立ち並んでいた。

二

紹鷗は珍しく眉間に深い縦じわを見せていた。何か思うことのある時に、紹鷗はいつもこんな表情をする。が、すぐに紹鷗は眉をひらき、

「よい所で会ったのう」

と言った。

「ごぶさたをしておりましたが、お変わりもございませず……」

おりきへの想いを断ち切られたのが、宗易には、今の場合、むしろ救われた思いであった。三十四歳という、自分では分別のつく年齢になったとは思っているが、事おりきに関しては、あの二十代の日の初めて会った日と同じ熱い血が、体を駆けめぐるのだ。そのためか、近頃の自分は、茶の湯にも進境の跡が見えないような気がする。そこに、茶人としての宗易の悩みがあった。

「お師匠様、先日のお便り、ありがたく、大切にいたしております」

紹鷗が、八月の初めにくれた手紙は「侘び」に関する教えであった。その冒頭の幾行かを、宗易はそらんじている

〈侘びといふ言葉は、古人もいろいろに歌にも詠じけれども、近くは正直に、つつしみ深く、奢らぬさまを侘といふ〉

つまり、「侘び」とは正直、つつしみ、奢らざることだと、紹鷗は書いてきたのである。この言葉は、宗易には痛かった。たとい心に秘めた想いであろうとも、おりきへの感情は、余りにも激しく、つつしみがなさすぎると、自分でも思う。が、それには触れず、宗易は言った。

「やがて、侘びの月が参りますな」

紹鷗のその手紙には次のように書いてあったからだ。

〈一年のうちにも、十月こそ侘びなれ。定家卿の歌にも、

　偽りなき世なりけり神無月
　誰がまことより時雨そめけん

と詠みけるも定家卿なればなり〉

「なるほど、九月も終わりであった。茶を点てる者が、時の移ろいを忘れては、笑止千万」

珍しく自嘲するようないい方に、宗易は改めて紹鷗を見た。十五年前の十九歳の日、宗易はこの紹鷗の門下に入った。以来、いつも遥か前を行く師であったが、今不意に、宗易は、紹鷗が自分と肩を並べているような、不遜な錯覚を覚えた。

その時、紹鷗は、島の上に、金色に輝く雲を見つめながら言った。

「ところでそなた、織田信長という男を知っているか」

「織田信長？」

頭をかしげた宗易に、紹鷗は言った。

「尾張のな、まだ二十を超えたばかりの若僧じゃ」

再びぐいと眉間にしわが刻まれた。

「ああ、清洲の？　聞きました聞きました。何でも兄弟同士で戦っているとか」

「うん。乱暴者らしい。それがな、武器をわしの所に注文してきてな」

「ほう、それは……」

紹鷗の営む皮屋は、三好長慶の御用商である。三好家と武野家は、先代からの古いつながりがある。

「むろん、わしは断った。いつ長慶殿の敵にまわるかわからぬ者に、武具や武器を売っては、申し訳がたたぬ」

「ごもっともでござりまする」

「だが、そのもっともが通らぬ相手でな。断ったところ、更に年内には納入せよと、権柄ずくに通告して来たのじゃ。世間知らずな男よ。堺の商人を何と心得ているのやら」

紹鷗は唇を歪めた。

「権柄ずくに言えば言うほど通らぬ堺を、知らぬと見えますな」

「何せ二十を過ぎたばかりの小童じゃ。今井の宗久の所にでも注文してくれればよいものを」

「向こうは意地になっているのでござりましょう」

「そのとおり。何せ、南蛮人の渡来する新しい世の中、いろいろ変わった武将も出てくるものじゃ」

話を聞きながら、宗易は紹鷗がその織田信長なる男に、少なからず手こずっているのを感じた。武野紹鷗の家は、武門の名門武田氏である。商家になったことを愧じて、

種わけし同じ武田の裔なれど、
荒れてぞ今は野となりにける

と、詠ったほどだ。紹鷗が生まれた時は、既に武野家は繁昌し、堺商人の中でも屈指の富商であった。父親が四十を過ぎてからの、初めての子であったから、紹鷗は幼少の時から、望んで叶えられぬものはなかった。紹鷗が三条西実隆に和歌を学んだのは、商家に落ちた家名に、朝廷の人々と交わることによって少しでも名誉を回復したいという願いからであったとも言われている。そうした誇り高い紹鷗が、信長の願い

つまらぬ助言をしてくれる者もあってな。新しく台頭してくる者には、得てして向こうみずの者が多い。そなたならどうするな」

「断りましょう。お師匠さまと同じように」

「そうか。そなたも断るか。では、もし、そんな男から、茶の湯をもって仕えよと言われたら、どうするな」

「断りましょう。物の道理のわからぬ者に、茶の湯は無理でござりまする」

「なるほど」

暮れ残っていた空が、いつしか灰色になり、海風が冷たくなった。

「夜が来る。帰ることにしよう」

紹鷗がすたすたと歩き出した。五十四歳とは思えぬ確かな足どりであった。

三

弘治元年十月二十九日。この季節としては暖かい一日も暮れた六つ半（午後七時）、宗易は夕餉（ゆうげ）の膳（ぜん）についていた。宗易の隣には与之介（よのすけ）、向かいあって妻のお稲、与之介の姉のおゆう、その横に妹のお袖の三人が並び、若い給仕の女が傍らに控えていた。黒ぬりの箱膳の上には、宗易の好きなあん豆腐や、蒲鉾もあった。あん豆腐は三寸角に切って湯煮したものを小鉢に盛り上げ、その上に葛だまり、芥子、山椒の粉、胡桃の実などをかけたものだ。

おゆうがちらりと宗易を見、そのあん豆腐を口に運んだ。宗易はふっと微笑した。肩までの黒い髪、陶器のようなあごの線、それがひどく乙女さびて見えたからだ。が、宗易は黙って蒲鉾の串を手に持った。わが家で作った蒲鉾である。魚をすり鉢でつぶし、蒲の穂の形に整えて串に刺し、醬油で煮たものである。蒲鉾とは、よくも名づけたものと思いながら、また視線がおゆうに行った。宗易は滅多に妻のお稲を見ないというより、息子や娘たちに、つい視線が走るのだ。おゆうの白い八重歯が、愛らしい口もとからのぞいた。

「おゆうは、幾つだったかの」

おゆうより先に、与之介が答えた。

「姉さまは十二じゃ。わしより二つ上じゃもの」

「ほう、十二歳だったか。では、正月が来ると十三じゃのう」

宗易の声に感慨がこもっていた。おゆうはこの秋になって、急に背丈も伸びた。しかし、宗易はおゆうをまだ幼い子供に思っていた。それが、来年は十三と聞いて、またしても阿波にいるおりきを思った。

確かおりきは、十三で宮王三郎の妻になったと聞いた。あらためて宗易は、おゆうのなだらかな肩から、胸にかけての線を眺めた。能役者の娘で、早くに父母を失ったというおりきの、十三歳で人妻になったということが、今おゆうを目の前にして、ひどく哀れに思われた。

「そうか。来年は十三か」

「わしは十一になります」

与之介は快活に父を見た。

「おお、お前も十一か」

と、うなずいておいて、

「おゆう、もし、ととさまや、かかさまが死んだなら、お前はどうする？」

宗易は尋ねた。

「まあ！　縁起でもない。妙なことをお言いなさる」

お稲が怒ったようにいい、

「まだまだ、わたしもあなたも、死にはいたしませぬ」

と、宗易を見、子供たちの顔を順々にお稲はみた。

「それはそうじゃ。しかし、人間の一生は、いついかなることになるか、わからぬものじゃ。幸せな時にこそ、不幸に際しての覚悟を定めておかねばならぬものじゃ」

言いながら宗易は、

(おりきは今年二十三歳のはず……)

自分より確か十一年下だったと思った。

「と、その時、お稲が言った。

「不幸といえば、今日、阿波から便りが参りました」

「阿波から? いかなる便りじゃ?」

宗易は味噌汁の椀を膳の上に置いた。淡路のしなやかなわかめに、長葱をちらした味噌汁である。

「それが、叔母からの便りで、不幸というほどのことでもありませぬが、ほら、宮王どののお子、吉兵衛どのが熱病にかかったとか」

「何? 吉兵衛が」

給仕の小女までが、宗易を見たほどの、大きな声であった。

お稲はちょっと咎めるように宗易を見たが、それにはかまわず宗易は尋ねた。

「して、その熱病はなおったのか」

「なおりました」

「何じゃ。それならばよかった」

と、幾分間が悪そうに、再び椀を取り上げた時、お稲が言った。

「まあ！　それほどのご縁でもない吉兵衛どのの熱病に、そんなに驚かれるようでは……与之介でも熱病にかかったら、どんな騒ぎになりますことやら」

「いや、何、それほどに驚いたわけでもないが、何しろ宮王殿が亡くなっている。その上、吉兵衛に万一のことでもあれば……さぞ……」

言葉を濁した宗易に、お稲はすかさず、

「おりきさまが、さぞかしご難儀なさることでございましょうから」

お歯黒ののぞく口もとに、皮肉な微笑が浮かんだ。

「それで、もうすっかりよいのじゃな」

「いえ、それが……何でも奇妙な熱病とかで、とうとう片足が利かなくなりましたそうな」

「何じゃと!?　足が利かなくなったと？」

再び宗易の声が大きかった。

「はい、足なえになられたとか。不幸はどこにあるか、わからぬものでございます」

お稲はあん豆腐を口に運んだ。そのお稲の顔に、傍らの灯火がゆらゆらとゆらめいて、お稲の表情が妙に妖しく見えた。

「ととさま。吉兵衛って、どこの子？」

与之介が、つぶらな目をまっすぐに宗易に向けた。

「うん。そなたは知るまい。いや、一度そなたも会っておる。かかさまを船に見送った時、そなたくらいの男の子が、そのととさまを見送っていたはずじゃ」

「ああ、知っておる。あの子は知っておる」

四歳の春の日のことを、利発な与之介は忘れてはいないようであった。

「おお、知っていたか。あのお子が、足なえになったそうじゃ。お前と同じ年じゃが遊びたい盛りに、哀れなことよのう」

「ゆうも知っています。あの子のことは」

おゆうが言い、五歳のお袖も負けずに言った。

「お袖も知っている」

愛らしい声に、思わずみんなが笑った。お袖のまだ生まれていない時の話なのだ。笑わなかったのは、宗易だけであった。宗易のその様子に、お稲はまたあらわに眉をひそめて見せた。が、宗易の胸には、足なえになった吉兵衛の姿と、一粒種の吉兵衛に足を悪くされたおりきの途方にくれた姿があった。

（哀れなことよのう）

宗易は心の中でくり返した。

と、俄かに、玄関のほうで、騒がしい声がした。と思う間もなく、廊下を駆ける音がし、襖の外で声がした。手代の喜七の声である。

「旦那さま！　一大事でござります」

「一大事!?」

ふり向く宗易に、

「はい、武野様からお使いがありまして。お師匠様が急逝なされましたとか」

「何!?　お師匠様が！」

言うなり宗易は、すっくと立ち上がった。

「それで、使いの方は？」

「はい、玄関に」

うなずくやいなや、宗易は部屋を出ていた。

（お師匠さまが急逝なされた？　一体どうして？）

ついひと月程前、夕焼けの浜べで会ったのが最後だったかと思いながら、玄関に行くと、紹鷗の内弟子が、提灯を持って、脅えたようなまなざしを宗易に向けた。

「お師匠さまが急逝なされたとな！」

「は、はい」

内弟子の声がふるえた。

「して、それは、ご病気か」

「いえ、先程まで、お元気でございました」

「では卒中か」

「いえ、それが……東庵先生のお見立てでは、死因が定かにわかりませぬ由……」

「そんな馬鹿な！」

「それが、そのようで……」

妙に歯切れの悪いいい方であった。

「では一体どうして？」

「よくわかりませぬが、実は今日お客様がございました」

「お客様？　それはどなたか」

「それが、織田信長様のお使いで」

「何!? 織田信長の?」

「はい。信長様よりお使いが参りまして、半刻(とき)ほどご密談のようでございましたが、日も暮れて、すっかり暗くなった頃(ころ)、お師匠様とご使者の声が庭に聞こえました。そこまでは、手前共も存じておりましたが……気づいた時、お師匠様は庭に倒れて、息絶えておられたのでございます」

「では、一緒にお見送りした者はいないのか」

「はい、それが、密談の客人は、いつもお師匠様お一人でお見送りするならわしで……」

(さては、織田信長にやられたか!)

両の拳(こぶし)をぐいと握って、宗易は口を歪(ゆが)めた。が、きっと顔を上げ、

「何はともあれすぐにわたしも駆けつける」

と、二人を送り出した。

その直後、宗易は、提灯を手にした手代の喜七を伴い、舳(へ)ノ松(まつ)町の武野邸へと急いでいた。雲の垂れこめた夜空がひときわ暗かった。

(お師匠様!)

偶然、浜べで語り合った一月前の夕べが、ふしぎなほど鮮(あざ)やかに思い出された。確

かあの時、紹鷗は信長から武器の注文を受けて、困惑していると語っていた。そして、断ったにもかかわらず納入の期限を通告されて、いたく思い悩んでいるようであった。だからこそ紹鷗は、

「そなたなら、どうする？」

と尋ねたのだ。

「断りましょう」

きっぱりと答えた宗易を、紹鷗は喜び、

「そうか、そなたも断るか」

と、念を押すように言ったのだった。

もしかすると、あの時紹鷗はまだ、信長に再び拒絶する覚悟がついていなかったのではないか。だからこそ、「そなたならどうする」と尋ねたのではなかったか。

更にあの時紹鷗は言った。

「もし、茶の湯をもって仕えよ、と言われたらどうするな」

今にして思えば、あの一つ一つの言葉は、大きな悩みの中から出て来た重い言葉にちがいない。

（やはりお師匠様は……）

信長の手によって、命を奪われたのではないか。門まで送って、その庭に倒れたということは、そういうことなのではないか。宗易は、あの日共に歩いた時の、紹鷗の確かな足どりを思い浮かべた。歩き方に、いささかの衰えもなかった。

「やられたにちがいない」

思いが思わず声に出た。生暖かい風が頰をなでた。

（武力とは何だ）

人間を武力で脅やかす武士たちのあり方に、堺の商人たちは、こぞって抵抗してきた。武将の率いる一隊の通過は認めても、陣を構えることは、決して許さない。堺の町を戦場とされることに、激しい抵抗をつづけて来たのだ。そうした武将たちへの抵抗を、商人たち一人一人が持っていた。その中でも、武野紹鷗は誇り高い商人であった。その紹鷗を、もし信長の使者が殺したのだとしたら、それは堺への明らかな挑戦である。

（お師匠様！）

不意に宗易は、紹鷗の死に、自分も責任があるような気がした。「そなたならどうする」と聞かれた時に、なぜ言下に、

「断りましょう」

と、答えたのか。もっと他に答えようがなかったのであろうか。素手で火をつかむような愚かなこと。火をつかむにはつかむだけの対策がござる筈」

と、答えてもよかったのではないか。あるいはまた、

「長慶殿に、苦衷のほどを打ち明けるのも一法かと存じまする。話のわかる長慶殿故、商人が物を売ることに、遠慮は要らぬと言ってくださるかも知れませぬ」

と、進言してもよかったのではないか。宗易の胸は次第に重くなった。

だが、一方ではまた、

(いや、お師匠様のことだ。このわしなどがなんと申し上げても、信ずる道を断乎として行かれたにちがいない)

紹鷗が信長に、武器を売るなどとは、想像もできなかった。

(お師匠様らしいご最期！)

もし、信長に殺されたとしたら、それは大茶人紹鷗の真骨頂でもあると、宗易は思った。そしてその死こそ、自分自身が紹鷗に見習うべき第一の生き方でもあると思った。

(武力では、人の誇りまでは奪えぬ)

宗易の足が、更に早くなった。斜め前を行く喜七の提灯が右に揺れた。

あの夕べ紹鷗は言った。

「夜が来る。帰ることにしよう」

その言葉が、今の宗易にはひどく暗示的であった。

行燈(あんどん)

一

先刻から、千宗易(せんのそうえき)は、ここ南宗寺の大広間に、一人じっと坐(すわ)っている。宗易は今日、三好長慶(みよしながよし)の弟実休(じっきゅう)の招きで、南宗寺に来ていた。開け放した廊下にあたたかい二月の日がいっぱいに射(さ)している。

この南宗寺は、二年前の弘治二年、三好長慶がひらいた寺で、亡父元長のために長慶が建てたものである。三好家の同族は、その頃から堺を根拠に集まってい、堺の町民たちも、三好一族を堺のうしろ楯(だて)として依(よ)り頼んでいた。

（実休どのはいかがされたのであろう）

宗易は呟いた。

実は昨夜、宗易は実休から招きの便りを受けた。

「明日、九つ半（一時）過ぎ、折り入って内々に相談したき儀御座候」

使者に持たせた書状にはそう書かれてあった。今まで、実休の茶会には度々招かれている。が、このような相談をかけられたのははじめてであった。

何事かと思いながら、約束の時刻に宗易は南宗寺を訪れた。が、実休は、何事もないかのように、茶室に宗易を招き入れ、いつものように茶室でひと時を過ごした。実休からは何も切り出さない。実休が切り出さぬ以上、宗易から促すわけにもいかない。

（まさか、矢銭のことでもあるまい）

武将たちが軍資金に困って、堺の豪商たちから金を借りることは度々ある。だが今のところ、三好一族は豊かであった。

先程茶会で用いた珠光茶碗にしてもそうである。この珠光茶碗はへら目が二十七ついている茶碗で、宗易が実休に譲ったものである。実休はこの珠光茶碗を、千貫の代金を払って、宗易から無理矢理譲り受けた。千貫は即ち米千石の価で、莫大な金額であった。

（あのような買い物をする実休殿に、金策は無用のはず）

宗易は珠光茶碗を目に浮かべながら、そう思った。

（それにしても、あの茶碗は惜しかったのう）

千貫という大金で譲りはしたものの、あのような逸物を遂に人手に渡したかと思うと、何か取り返しのつかぬことをしたという思いが残る。

（金の話でないとすると……）

またしても何か茶道具を譲ってほしいということか。もしそのような話であるならば、今日こそは断ろうと宗易は思った。どこかで鶯の声がした。枯れ山水の白砂が眩しく日を反射している。滝に見立てて置かれた緑がかった石が見事だ。

宗易の口から、謡曲「桜川」の一節が低く洩れた。

〈かやうに候者は、東国方人商人にて候。われ久しく都に候ひしが、この度は筑紫日向にまかり下りて候。また昨日の暮ほどに幼き人を買ひ取りて候〉

今は亡き宮王に、はじめて習ったのはこの「桜川」であった。宗易は、道を一人行く時など、いつしか宮王から習った謡曲を低くうたっている自分に気づくことがある。

謡曲は、宮王を思い出させ、宮王の妻おりきを思い出させる。

今も、ふっと「桜川」の冒頭の言葉が口から出た時、宗易はおりきを思っていた。

この「桜川」を習いはじめた日、宗易ははじめておりきに会ったのである。

（いかに暮らしておられるやら）

あのまま阿波に住みついてしまうのかと、宗易はおりきの面影を偲ぶ。おりきの息子吉兵衛の片足が萎えたと聞いたのは、師の紹鷗が急死した頃だった。あれから、既に満二年と三カ月は過ぎた。宗易と親しい津田宗及は、度々実休の招きで阿波に渡っている。宗及は堺の富商で、天王寺屋一族の一人であった。この宗及は、茶の上でも宗易と肩を伍す仲だったが、阿波の土産話に、おりき母子の話を宗易にしたことはない。実休からも、そのうわさを聞かされたことはない。

（まだ阿波におられるのか）

そう思いながらも、宗易の口からは、誰に尋ねることもできなかった。

〈見るもあまりの悲しさに、人商人に身を売りて、東の方へ下り候。なふその子は売るまじき子にて候ものを〉

足萎えになったという吉兵衛の上に、思いを馳せた時、隣室の襖があいて、

「おお、お待たせいたしましたな」

と、実休が入って来た。

「なんのなんの。庭を眺めておりました」

何事もなかったかのように、宗易は微笑した。

「実はの、先程茶室で話そうか話すまいかと思ったが、水屋に人がいた故、むしろこの大広間のほうがよいと思ってな」

庭に向けた実休の目がひと所を見据えた。また鶯が啼いた。

「何なりと承りましょう」

矢銭の話でも茶器の話でも、とにかく聞くより仕方がないと、宗易は姿勢を正した。

実休は穏和なまなざしを宗易に移すと、

「いやいや、そのような……ま、膝を崩されよ」

と、自分もあぐらをかき、

「実はのう。こんな話を誰に持って行ってよいものか、わしにも見当がつかぬことでのう」

「と申しますると？」

「うむ、お主は、猿楽の宮王と親しくしておられたと聞くが」

今の今、おりきと吉兵衛のことを思っていた宗易は、内心はっとしたが、さりげなく、

「確かに。……人柄のよい男でありましたが」

「わしも、宮王からお主の話は聞いてはいたが……全くよい男であった。宮王が死ぬ前に、くれぐれもわしに頼んだのが、あのおりきと吉兵衛のことでな」

「なるほど」

おりきの名を聞いた宗易の胸はとどろいた。が、顔には出さない。実休は、とにかく妻お稲の異母兄なのだ。妻の兄とはいいながら、以前は格別につき合いもなかったが、茶の湯を仲立ちとして、近頃めっきり親しくなったのである。実休としても、異母妹の嫁ぎ先というよりは、茶の湯の同志という思いが強いようであった。

「わしも、宮王の遺言があって、あの母子を厚く庇護(ひご)してきたのだが……」

再び実休の視線が庭に行く。

(憂(うれ)えたとおりじゃ……)

宗易は、おりきが実休の寵愛(ちょうあい)を受ける身になっているのではないかと、幾度か不安に思ってきたものであった。それが今の、「厚い庇護」という言葉で、自分の想像が当たっていたと宗易は思った。

「あれは、ふしぎな女でな。実の話、わしはあの女を、自分のものにしたかった。が、面と向かうと、手も足も出ないのじゃ」

意外な言葉に宗易はほっとした。が次にいかなる言葉が出ることかと、不安であった。

「一度ならず、正直な話わしも口説いたことがある。だがのう、おりきは頭を縦にはふらんのじゃ。お言葉ではござりますがと、つつしみ深く断られてのう。それでわしは、誰にも手折らせずに、あのまま阿波の国においておくつもりじゃった」

「なるほど」

「ところがじゃ。何しろあのとおりの器量じゃ。わしの家臣に、何としても嫁に欲しいという者が出てきてのう。いや、そんなのは一人二人ではない。わしが戦に出ている間に、あの母子の上にいかなる事態が持ち上がるか、わしはいつも不安でならんのじゃ」

「それで？」

一体、実休は、この自分に何を語ろうとしているのか。宗易には見当がつかなかった。

「それでじゃ、わしはあの母子を堺につれてくることにした」

「堺に!?」

驚く宗易に、

「む、考えに考えてのことじゃ。と言うのはのう。宮王がこう言っていたことがあってな。わしの最も信頼できるのは、殿と宗易殿ばかりじゃとな。つまり、このわしと、お主だけを信じていると言ったのじゃ。だがわしは、本当はお主にこの話を聞かせとうはなかった。だから今まで、おりきの話は、お主には只の一度も聞かせたことはない。何しろ、おりきもまたお主を尊敬していると聞いたことがあったのでのう」

実休がからからと笑った。肉づきのよい頰に、笑いじわが深く刻まれた。

「それで、このわたくしに、どのようなご相談でございましょう?」

「二つ考えた。一つはだな、そなたは家作持ちじゃ。あの母子のために一軒、家を用意してもらえぬかとな」

「それは、お安いご用でございますが……」

「いや、そう先ずわしは考えたまでじゃ。だがのう、堺は何しろ金持ちが多い。好色な者も多い。あのおりきを、無理矢理わがものにしてしまいそうな者ばかりじゃ。それでのう、わしに名案が浮かんだのじゃ」

遠く厨のほうに人声がする。何か、人の賑わう気配だ。

「名案とは?」

「お主は、わしの妹の亭主殿だ。人物も、その辺の男共とはちがう。それでな、お主の屋敷の一劃に、あの母子を預かってはくれぬかと思ってのう」

思いがけない言葉であった。驚く宗易に、実休がつづけた。

「何、お稲にはわしからも言っておく。お主の家なら、人の一人や二人、住まわせても何の差し支えもあるまい。お稲にもよい話し相手ができるというものじゃ」

あのおりきが、一つ屋根の下に住む。それは宗易にとって、余りにも夢のような話であった。二つ返事で引き受けたい話であった。が、宗易は、躍る胸を抑えて腕を組み、

「さて、それは」

と首をかしげた。

「不承知か」

「不承知と申すより、あまりに突然のことで……」

「それもそうじゃ。さして急ぐ話でもない。だが、来月弥生までには返事がほしいものじゃ」

「来月頃までなら……」

「ま、とにかく、あの母子の力になってやってほしいのじゃ。但し色恋ぬきにな」

「わたくし共に出来ますことなら、及ぶ限りのことはいたしたく存じますが……」

宗易は語尾を濁した。

二

お稲の柔らかい体を胸に抱きながら、宗易はおりきのことを話し出そうか出すまいかと、思案していた。枕もとの行燈が仄かに宗易とお稲を照らしている。その光の及ぶ以外は次第に暗く、部屋の隅の柱と壁の境も見えない。

床の中でのお稲は、宗易にとって最も扱い易い。機嫌がよいからだ。昼の間のお稲とは、別人のように素直なのだ。だが宗易は、やはりためらわずにはいられない。

火の用心の拍子木の音が、遠くから次第に近づいて来た。

「火の用心――」

よく透る声である。

「あのう……旦那さま」

お稲は、人さし指で、宗易の胸に何か字を書きながら言った。甘い声だ。

「何じゃ、お稲」

宗易はいつもよりやさしい声で答える。

「あのう、おゆうのことですけれども」

「おゆうのこと? おゆうがどうかしたか」

「いいえ、どうもいたしませんけれど、そろそろ嫁入り先のことも考えなければ……」

柔らかなもののいいようも、昼のお稲とはちがう。

「嫁入り先？　おゆうのか」

宗易が少し驚く。

「はい。おゆうも今年は十五歳。この間、津田様が冗談ではございましょうけれど、どこかに出す気はあるのかと申しておりました」

「宗及がか」

「はい」

「宗及が、そう言っていたか。そうか、おゆうも人目に立つ年ごろになったのじゃのう」

感慨深げな宗易の声であった。

「はい、早いものでございます」

「だが、もう一、二年は手もとに置いておきたいものよのう」

「けれども、ご縁のあった時に出さなければ」

宗易とお稲の間に、男児は与之介（よのすけ）一人で、既に四人の娘がいた。八歳のお袖（そで）、五歳のおぎん、三歳のおこうである。与之介は十三歳になった。

「それもそうじゃ。そなたのいうとおりじゃ」

宗易は逆らわない。

「うちの子たちは、どれもみな器量よしで」

「うん、そなたに似てのう」

確かにお稲は、他の女性にくらべて容貌は立ちまさっていた。

「どんな所にいきますものやら」

拍子木の音が、とうに遠くに去って夜のしじまは深い。

「お稲」

今度は宗易が呼んだ。やはり、今日南宗寺で実休に聞いた話は、今日のうちに話すべきだと宗易は思った。

「実はのう、わしは実休殿から相談をかけられてのう」

いかにもお稲に意見を求めるような語調であった。

「兄上様から？」

宗易の胸に何かを書いていたお稲の指がとまった。お稲は、宗易が実休の招きで、今日の午後出かけたことは承知している。昨夜、使いの者が手紙を持ってきたことも知っている。だが、それは、茶の湯の上のことだと最初から思っていた。お稲としては、異腹の兄たち、長慶（ながよし）や実休が、自分の夫宗易を顧みてくれるだけで満足だった。それは即ち（すなわ）妹である自分への情のなすところだと思っていた。だから今日も、機嫌よく宗易を送り出した。

その宗易が帰って来た時も、お稲は、どのような用向きであったかを聞かなかった。宗易もまた、常と変わらぬ様子で、何も語らなかった。

「実休殿がよろしくと申されていた」

宗易はそう言っただけである。お稲はお稲で、

「南宗寺の梅は、もう満開でございましょう」

と言っただけだった。

それが今になって、夫の宗易は屈託ありげに、実休から相談があったと話しはじめたのだ。それは宗易には珍しいことであった。茶の湯に関する限り、今までお稲に諮（はか）るということはなかった。昨年、珠光茶碗（じゅこうちゃわん）を千貫で譲った時も、事が終わってからお稲は聞かされた。

「実休殿のたっての所望でな。致し方なく、珠光茶碗をお譲りした」

宗易は淡々として言った。

「お譲り？　差し上げたのですか」

お稲の問いに、宗易は笑って、

「大名と雖も、茶器ばかりは、只では所望いたさぬものじゃ。当方から献上するという場合は別だが」

「では、お売りになったというわけでござりますか」

「うむ、そのとおりじゃ。向こうから所望されて、こちらで差し上げると言っても、決して受けとっては下さらぬ」

「おいくらで？」

「千貫じゃ」

「千貫!?」

あの時の驚きを、お稲は忘れ得ない。千貫という大金で、妻の兄に茶碗一つを売った宗易の心情が、お稲には測り難いものに思われた。せめてその半値の五百貫で譲れなかったものかと、お稲は思った。が、宗易は淡々として、千貫で売れたことさえ、格別に喜んでいるふうもない。否、かえって、

「手放したくなかった」

と、無念そうでさえあった。千家も堺の納屋衆である以上、商いは大きい。品物を売って儲けることに、何のふしぎも持ってはいない。売るということは即ち儲けるこ

とである。お稲もこの家に嫁いで、既に十七年目になる。利益を得ることには何の抵抗もない。

いや、それどころか、以前にも、宗易が茶壺を人に乞われて譲った時、お稲はひどく喜んだものだ。手の中に入るような小さな茶壺が、五百石扶持の武士の俸禄と同じ価があることに、無上の喜びさえ感じたものだった。近頃は、宗易は、人から茶器の斡旋を頼まれて、その鑑定をし、値をつけ、謝礼を過分なほどに受けとることもある。そのことにもお稲は馴れてきていた。そのような才覚のある宗易を、改めて見直す思いがあった。だが、実休に渡った珠光茶碗についてだけは、割りきれない。

その割りきれない思いが、今、宗易の胸に抱かれながら、ふと頭をもたげた。

「兄上さまが、わたしにご相談とは、一体何でござりましょう」

「それがのう……」

宗易は言いよどんだ。

「それが？」

ほかならぬ兄実休からの願いであれば、どんな願いかはわからぬが、少々の無理があっても、聞いてやるべきではないかとの思いが、先ずお稲の胸に湧く。千貫もの金を、実休から受けとっていることだけでも、恩に着ねばならないとお稲は思っている。

「そなた、宮王殿を知っているであろう」

「宮王殿？　存じておりますとも。四国までの船路を共にしてくださいましたお方ですもの」

宮王自身には、お稲も悪い印象は持ってはいない。初めて会った時には、内心、

（この河原者……）

と、見下す思いがないではなかった。だが、七日にわたる船路では、宮王の親切が幾度か身に沁みたものだ。わけても、阿波の国にわたってからの宮王は、頼母しい道づれであった。ためらい勝ちなお稲を励まして、兄三好長慶のもとに伴ってくれたのも、宮王であった。

だが、宮王の妻おりきに対しては、お稲はなぜか、こだわりを感じている。おりきに会ったのは、阿波の国から帰って、宮王の家に、船路の折の供の者をつれて、挨拶に行った時であった。その匂うような、天来の美貌に、お稲は驚きと共に言い知れぬ嫉妬を感じたのであった。しかもおりきの挙止には気品があふれていた。それはお稲にはないものであった。それだけに一層お稲の嫉妬は強かった。

以来、何かの折に、宗易の口からおりきの話が出ると、ついお稲の気持ちは尖った。そのおりきも、宮王と共に阿波に去り、お稲の嫉妬もうすらいでいった。相手が海

を隔てた向こうでは、嫉妬の気持ちも、自らさめていったのである。

だがその後、何年か経て、おりきの息子吉兵衛が熱病にかかったという便りがあった。知らせを聞いた宗易が、

「何!? 吉兵衛が？」

と、かつてないほどの驚きの声を上げた。その時お稲の胸に、ふっと猜疑の思いが湧いた。

その日のことを思い出しながら、お稲は宗易の言葉を待った。

「そうであったな。お稲は阿波の国まで宮王殿と一緒に旅をしたことであったな」

「で、兄上は何と……」

「それがじゃ。何でも実休殿は、宮王殿の遺族を、今まで手厚く庇護されておられたそうな。普通の大名であれば、遺族のことまで心を配ることなど、仲々いたさぬものじゃ」

自分の兄をほめられて、お稲は、

「ほんに。あの兄はわけても心がやさしゅうて。よい兄でござります。それで？」

「それがのう、この度、あの母子を、昔住み馴れた堺に移してやりたいと申されてな。それについての相談なのじゃ」

「ま、それでは、あのおりきさまが堺に戻られるのでございますか」

お稲の声が高かった。

「うん、そういうことになるのであろうな」

「それを、なんでわたくしや旦那さまに、兄上は相談なさるのでございましょう?」

お稲は警戒して言った。宗易は、お稲の警戒も無理はないと思いながら、

「うん、わしもそう思う」

と、気のなさそうに言い、

「実休殿にしては、どうも妙なお頼みだと、わしも思った」

と、重い語調になった。

(実休殿にしては? 妙な頼み?)

お稲は胸の中で呟きながら、

「兄上は、どんな妙なことを申したのでございましょう?」

と、やや切り口上になった。兄実休は、今をときめく三好一族の武将である。少々の難題を持ちかけられたとしても、「妙な」などと言ってはならない。そうお稲は思った。

宗易は黙った。あんまの笛の音が、不意に近くで聞こえた。どこかの家から、治療

を終えて出て来たのでもあろうか。

「妙と申しては失礼かのう。実はじゃ、あの母子を、実休殿はのう、お稲のもとに置いてほしいとのお頼みなのじゃ」

「え!? わたくしのもとに？」

お稲は驚いて、宗易から体を離した。

「そうじゃ。お稲のもとにじゃ」

お稲という言葉に、力を入れて宗易は言った。

「わたくしの所に……」

お稲はくり返し、

「なぜでございましょう？」

と尋ねた。

「わたしにもわからん。だから妙と申したのじゃ」

「ほんに妙な……」

声を高めるお稲に、宗易は答えた。

「まあ、実休殿にすればじゃ。わが妹の所に預けるのが、一番安全だと思ってのことではないかのう」

「安全？　安全とはこれもまた妙な……」

「いや、それがのう、おりきどのは四国で、いろいろな男に言い寄られたとかで、それで実休殿は堺に移そうとされたらしい」

「……」

「だから、女のお稲のもとなら、安全だと考えられたのではないかの」

「……」

お稲は宗易を疑った。実休が相談を持ちかけたのは、単に家作の斡旋だけぐらいではなかったのか。それを夫の宗易が、自分の屋敷に置いてやろうと言い出したのではないか。それを、実休からの頼みだとして、自分を説得しようとしているのではないか。あの美しいおりきが、同じ屋根の下に住むということは、妻の自分にとって、大きな脅威である。

黙りこんだお稲に、宗易は言った。

「こんな話を突然持ちこまれても、困るだけのことよのう。武将という者は、何でも自分の思いどおりになると思い勝ちなものじゃ」

お稲はやはり黙っていた。ますます、これは宗易のほうから持ち出した話にちがいないと、思われてきたからだ。

「二、三日中に、実休殿がお稲に頼みにくると言っておられた」

お稲の心の中を見てとった宗易は、そう言った。

「え!? 兄上が?」

お稲の、宗易に対する疑いがそのひと言で消えた。

「旦那さま、どういたしましょう。兄上の折り入っての願いとあれば、むげにお断りするわけにはまいりますまいし……」

「しかしのう。そなたが気が進まぬのに、無理に引き受けねばならぬということでもあるまい」

「でも、旦那さま。わたくしは別に、あの母子を置くのはいやと……思っているわけではありませぬ」

宗易が言い出したのであれば、絶対に置くことはできぬと思った。が、兄の実休の頼みであれば、やはり断ることはできぬと、お稲は思った。と言って、おりきの美貌を思うと、お稲の胸は波立つ。あのおりきが同じ屋根の下に住んで、果たして夫宗易の心がおりきに移らぬか、どうか。

夫の宗易は、茶碗一つの美に対しても、深く心を傾ける性格だ。いつであったか、気に入った天目茶碗が手に入った折、幾時間も、宗易はその茶碗を手に取って眺めていたものだ。しかもそれが、幾日もつづき、いや幾月もつづいた。折があれば、同じ茶碗を手に取っているのだ。そんな宗易が、おりきの美しさに魅入られないとは限らない。

（断るべきか）

お稲は思う。が、兄実休の願いとあらば、何の理由もなく断るというわけにはいかない。実休には実休の面目もある。武将としての面目もある。兄としての面目もある。その面目を立てねばならぬ。

そして何よりも、お稲自身に、実休の願いは斥(しりぞ)けてはならぬという思いが、先に立っている。お稲の誇りは、兄の三好長慶(ながよし)であり、実休である。武将の兄を持っているという誇りを失っては、お稲は生きてはいけない。

「のう、お稲」

「はい、旦那さま」

「そのように思い惑わずとも、明日にでもわしが断って参ろう」

「それは……少々お待ち下さりませ」

「待ってどうするつもりじゃ」

「……兄上が、このわたくしにお頼みなさるということは、やはり何か深い訳があってのことでござりましょう」

「それはそうかも知れぬ。だがのう、何もこの家にあの母子をつれて来ずとも、よいのではないか。実休殿の家臣も、この頃堺に住みついていることだし、宮王殿の弟子たちもご親族も、たくさんいることじゃ。そちらに頼んで頂いてもいいことなのだ」

「…………」

「宮王どのの元の屋敷は、既に人手に渡ってしまったが、母子二人、住む所がないほど、この堺は狭くはない」

宗易はあくまでも、気の乗らぬ様子で言った。おりきに対する自分の心を、決してお稲に悟られてはならない。

宗易の淡々とした様子に、お稲は、

「でも、旦那さま。兄上は、わが妹の所が一番安心と考えられたのでござりましょう？　腹ちがいとは申せ、兄上とわたくしとは、血が通っております」

お稲にとって、三好一族がいかに大切であるかを、宗易は改めて思い知らされた。お稲にとって、夫の宗易は依然として、三好一族の下にあった。

「…………」

黙っている宗易の胸に、お稲は再び手をふれて、

「ご迷惑でもございましょうが、兄の願いを聞き上げて下さりませ」

「…………」

「いけませぬか」

行燈(あんどん)のうす暗い光に、お稲の顔が白い。

「お稲、あの母子を置いてやるというのは、只(ただ)、部屋を与えればよいということではないぞ」

「と申しますと」

「実休殿に代わって、親切に、そして手厚く扱わねばならぬということじゃ。それがそなたにはできるかな」

「できますとも」

行きがかり上、お稲はきっぱりと答えた。

「実はのう、お稲」

「何でございます？」

宗易は、お稲を抱きよせて、

「あのおりきどのを、実休殿は自分の寵(おも)い者にしたかったと申しておられた」

「まあ！ まことでございますか。それがどうして？」

「おりきどのが、宮王殿に操を立て通したのじゃ」

「まあ、何ということを！　大名の寵い者になったほうが、女の一生の幸せというもの。では、兄上を斥けたというわけでござりますか」

お稲には、大名の寵を斥ける女性がいるとは、想像もできないようであった。そんなお稲の言葉が、宗易の思いを荒々しくさせた。

（おりきは見事な女性じゃ。お稲とはちがう）

その夜宗易は目が冴えて眠ることができなかった。

阿波の碁石

一

永禄二年正月五日。

千家の書院で、今、宗易の長男与之介と、おりきの長男吉兵衛が、将棋をさしている。その二人を、赤々と火の熾った火鉢に片手をかざしながら、宗易はさっきからじっとみつめている。

吉兵衛は、一手一手慎重に考えてさす。が、与之介は、吉兵衛がさすのを待ちかねていたように、駒音もきびしくさしている。二人共、明けて十四歳になったばかりだが、性格がちがう。体格もちがう。与之介は、吉兵衛より二つ三つ年上に見えた。肩幅もひろい。

「なるほど」

今さした与之介の一手に、吉兵衛は呟いた。その横顔が少女のようにやさしい。宗易はその吉兵衛の顔に、おりきを思った。

おりき母子が、阿波から堺に引き揚げて来たのは、昨年四月のことである。おりきの夫、宮王の主人であった三好実休の依頼で、宗易はおりき母子を己が屋敷の一劃に住まわせることに決めた。早速、襖、障子を張り替え、畳の表替えもした。店の者たちのそうした働きを見ながら、宗易の心はときめいていた。その一劃は、茶室の裏手に当たっている。茶室と、おりきたちが住む一棟とは、竹のまがきで隔てられてはいたが、茶室から見透すことはできた。

宗易は、やがてそこに住むであろうおりきを思って、その日の来るのを、心ひそかに待っていた。同様に、待っていたのは息子の与之介であった。与之介には、姉一人、妹三人がいるばかりで、男の兄弟はいなかった。

「吉兵衛が来たら、碁や将棋をするのだ」

勝負事の強い与之介は、何よりそれを楽しみにしていた。店の者は、仕事に忙しく、なかなか与之介の相手になってくれない。父の宗易は、時折教えてはくれるが、毎日というわけにはいかない。姉や妹に教えてみたが、何の興味も示さない。

近所には適当な遊び相手もなかった。それだけに、おりきと吉兵衛がひとつ屋敷に住むという話は、与之介にはうれしいことであった。

だが、そのおりきと吉兵衛の母子は、なぜか千家には住まなかった。与之介は、父にも母にも、

「なぜに来ない」

と尋ねたが、

「三好実休殿のお気持ちが変わったのじゃ。実休殿のご命令じゃ」

と父の宗易は言い、母のお稲は、

「知りませぬ。よその者など、同じ屋敷に来ぬほうが、気楽でよいではありませぬか」

と、すげなかった。

与之介も十三歳になっていた。父の言葉も、母の言葉も、すべてを語っていないことに気づいた。決して、三好実休の命令だけで、事情が変わったものではないことを、与之介は感じていた。が、それ以上、父母を追求するほど子供ではなかった。大人の世界には、尋ねてよいことと悪いことがあることを、与之介も知るようになっていた。

もっとも与之介は吉兵衛をほとんど知ってはいない。只一度、浜で母を見送った時、傍らにいた男の子がそれだと知らされただけの記憶だった。いつのまにかその男の子が、自分の手を握っていたことだけは知っている。それだけのことだったから、吉兵衛への懐かしさがあったわけではない。同じ年頃ということが、与之介に期待を抱かせていたに過ぎない。

その吉兵衛が、明けて正月の今日、初めてこの家を訪れた。しかも連れて来たのは、実休であった。そして実休は、半刻ほど宗易と茶室に時を過ごし、先に帰って行った。

「将棋が出来るか」

与之介が聞くと、吉兵衛は、

「駒を動かす程度なら」

と、控え目に答えた。が、勝負をはじめてみると、吉兵衛は定法に適った指し方をしてきた。吉兵衛は阿波で、実休の家臣に、将棋を習っていたのである。

「一駒を動かすごとに、三手考えよ」

吉兵衛はその家臣から、そう教えられてきた。吉兵衛はその教えられたとおりに、必ず三手は考えて駒を進める。与之介は吉兵衛が考えている間に、相手がどう来るかを考える。そして間髪を入れず駒を打つ。一見与之介は、吉兵衛ほどに考えていないように見えたが、与之介もまた考えていた。その上、与之介の指し手には迫力があった。とにかく伯仲の技倆である。

その二人の将棋を宗易は眺めながら、

(やっと吉兵衛が来た)

と、幾度となく心の中で呟いていた。

去年の四月、おりきたちが来る日も決定して、何日か経った夜であった。不意に宗易は、実休に呼び出されて南宗寺の一室に出かけた。宗易は、おりき母子を迎えるについての最後の相談かと思って出かけた。

だが、実休の口から、意外な言葉が出たのである。

「実はのう。言いにくいことなのだが、宮王の家族をのう、やはり宮王家に預けたほうがいいと思ってな」

障子の張り替えから、畳の表替えまで、すっかり手はずの整った離室を思いながら、

宗易は、

「宮王家に？」

と、怪げんな顔をした。その宗易の表情を探るようにみつめながら、実休は言った。

「いや、宮王家としては、自分たちの身内の者が、他家に厄介になるとあっては、世間にも……ま、世間の手前もあるというのであろう」

宗易はおりきを待っていた。同じ屋敷のうちに住む日を待っていた。それが、突然撤回されたのである。

（宮王家が反対するのは当然のこと。だが、それは最初からわかっていた筈）

宗易は、何かが起きたのを感じた。宮王家は、むろん一応は辞退するにちがいない。が、鼓の名手であった宮王を、その手が利かなくなった時に、お伽衆として取り立てたのは実休であった。阿波で宮王は病を得た。その死ぬまでの間の懇ろな実休の扱いも、世間に聞こえているところであった。その上、宮王亡き後の、おりき母子に対する庇護の厚さも、並々ならぬものがあった。宮王家としては、たとえ実休がおりきを愛妾にしようと、否と言える筋合いではない。まして住む所がどこであろうと、一応の辞退はしても、結局は実休の意志に委せるより仕方がない筈であった。それらの事情を、宗易はむろんのみこんでいたのである。だから、突然の変更は腑に落ちなかった。

「実休殿。変更の次第を、腹蔵なくお聞かせ願えませぬか」

「腹蔵なくか」

実休は、その肉づきのよい頰(ほお)を天井に向けて、呵々(かか)と笑った。

「何か、私共にご不満な点でも……」

「不満のう……。お主は、茶器は言うに及ばず、あらゆる道具の目利きじゃからのう。人間の嘘(うそ)など、すぐに見破るわい」

そう言うとまた実休は笑って、

「実はのう、こんな文(ふみ)がわしのもとに参ったのじゃ」

「文？」

「うむ、見せてもよいが、もしやお主の見覚えのある字ではと、懸念(けねん)してのう」

「見覚えのある字？　と申しますと？」

「うむ、ま、何(いず)れはわかることかも知れぬ。文の主はわしにも見当がつく。お主には尚(なお)のこと見当がつくであろう」

実休ははじめから、宗易には隠すつもりはなかったのか、懐(ふところ)の書状を宗易の前においた。

今も、その時のことが、ありありと目に浮かぶ。折悪しく小雨の降るうす暗い午後であった。宗易は、外の光のほうにその巻き紙を傾けて読んだ。それには、宗易がいかに女癖が悪いかが書かれてあった。

十五歳の時に既に子を成していること、その後も、何人かの女に子を産ませていること、今も尚、一人の女のもとに通っていることなどが、手紙には書かれてあった。明らかにその女文字は、お稲の筆であった。つまり、宗易の女に関する所業のみが、その手紙には書かれてあったのである。

苦々しく、その時のことを思っている宗易の耳に、

「いや、負けました」

と言う吉兵衛の声がした。が、その顔には微笑さえ湛えている。与之介はうれしさを隠さずに、いかにも誇らしげに胸を反らしている。

「いい勝負だったのう」

盤面を眺めながら、宗易は言った。実力は伯仲だが、迫力に与之介がまさっている。その迫力が吉兵衛を圧したのかも知れない。

「次はわからぬぞ、与之介」

宗易は一本釘を刺した。

「いや、大丈夫」

自信ありげな与之介の語調であった。

与之介も吉兵衛も、茶の湯に励んでいる。与之介はどういうわけか、幼い頃から茶の湯を好み、宗易について熱心に学んで来た。与之介には才気があった。そして、その道の大器としての面影が既にあった。内心宗易は、自分の茶の湯を引き継ぐ者が出来たと安んじていた。

一方、吉兵衛の茶の湯がどのようなものか、宗易はまだ知らない。が、宮王の茶の湯を宗易は知っている。宗易の弟子ではあったが、能楽師としてその道を極めた宮王の茶の湯は、注目に価する気品があった。恐らく吉兵衛は、父の宮王から茶の湯を習い、更に実休の家中にあって、多くを学んだにちがいない。それは今日、はじめて千家を訪ねて来た時の、吉兵衛の所作にも現れている。

(何れが勝れた茶人となるか)

ふと宗易はそう思った。しかしこの時、自分のあとを、吉兵衛が継ぐことになろうなどとは、むろん夢にも思わぬことであった。

(足が不自由な分だけ、吉兵衛は修業もまたきびしくするであろう)

そう思っただけである。

再び、与之介と吉兵衛は駒を進めはじめた。吉兵衛の華奢な手が、手つきよく駒を打つ。

宗易の思いは、お稲の手紙に戻った。三好実休は、お稲の手紙を読んでいる宗易に目を注めていたが、読み終わった時に言った。

「そういうわけじゃ——」

「…………」

宗易は黙って実休を見返した。

「お主ほどの男だ。女が幾人いたとて、ふしぎはない。だがのう……」

「いや、それほどの甲斐性もござりませぬが」

宗易は苦笑した。堺の商人たちが女を囲っているのは珍しいことではない。そしてそれを格別不徳義に思っている者もいない。いや、誇りにしている者さえいる。その点宗易も、他の者と同じような道徳観念を持っていた。

「しかし、宗易殿。わしはのう、お主ばかりは、何とのう女を超越した男に思っていたのじゃ」

「女を超越できる男はおりませぬ」

宗易はさらりと笑って、

「それで、宮王殿のご家族は……」

「うむ。あれは誰にも手折らせることのできぬ女でのう。お主の所ばかりは安全と思ったのだが、どうやら……」

実休はそう言って、

「何しろ、お稲の監視つき。どこよりも安全と思ったのが、わしの誤りじゃ」

冗談めかして実休は言った。

「なるほど、その監視役のお稲がこれほどの心配をするところを見ると……と思われたのでござりますか」

「ま、打ち明けたところ、そういうことじゃ」

（あの日……）

南宗寺から帰った宗易を、お稲は何食わぬ顔で迎えた。むろん、何の用事であったかとも聞かなかった。

「うっとうしい雨ですこと」

そう言っただけである。宗易もまた、

「うむ、うっとうしい雨じゃ」

と、答えただけだった。だが、うっとうしいという言葉に、宗易は様々の思いをこめて言った。

宗易には、お稲の手紙は、思いがけぬことであった。お稲は、思ったことをすぐに口に出す、浅はかな女と宗易は思ってきた。重大なことほど、心の中に深く隠すことのできない女だと思ってきた。そのお稲が、こともあろうに、宗易の関わった女のことをすべて知っていたのだ。知ってはいても、嫁いで以来、一切口に出したことはなかったのだ。それが宗易には大きな驚きであった。

（女とは、わからぬ者じゃ）

宗易は自信を失った。宗易は、茶道具にしろ、人物にしろ、自分の目利きは確かなものと思ってきた。それがなんということであろう。十六年もつれ添ったお稲の心のうちが見えなかったのだ。

（女とは全くわからぬ者じゃ）

宗易は肝に銘ずる思いであった。

宗易には確かに女はいた。十五歳のころからつながりを持った女がいた。子を産ませたことも確かである。その女も、一人や二人でないことも事実である。だが宗易は、女に溺れて家業をおろそかにすることは全くなかった。女はあくまで、遊び相手であった。いや、遊び相手というより、もっと淡々とした存在であった。宗易の体が、女の体を必要とする時にのみ、訪れる関係であった。だからそれらの女は、宗易には、なくてはならぬ存在ではなかった。どの女でもよかった。つまり、関わりのあった女たちは、宗易の心の中に、少しの影も落とさぬ女たちであった。

（それにしても、お稲は、いつどこで、誰から聞いたのであろう）

いや、知ったのはいつでもよい。お稲の心の中に、その知った事実を、隠しておける場があったことのほうが、宗易には問題であった。

南宗寺で実休と話をして、五日ほど経った時、お稲が宗易の傍に来て言った。宗易はその時、庭の掃除に出ようとしていたところだった。

「あのう……宮王さまの」

言いかけてお稲は、ちらりと宗易を見た。

「宮王殿の？」

宗易はとぼけてみせた。

「宮王さまのご家族は、こちらにお住まいになりませぬとか」

「ほう」

宗易は驚いた顔をし、

「なぜかのう」

と尋ねた。

「わかりませぬ。兄上様から、そのようなお言づてが入りましただけで」

「ならばよい。他人が一つ屋敷の中にいるのは、気重なものじゃ」

お稲は黙って、自分の膝に指で何かを書いていた。おりきと書いていると、宗易は見た。

「お稲、そなた、仲々書き手じゃのう」

「え？」

「実休殿への書状を見た。わしに女が幾人もいると書いてあった」

お稲はちょっとうつむいたが、きっと頭を上げて宗易を正視し、

「そのとおりではございませぬか」

と、挑むように言った。

「正しくそのとおりじゃ」

悪びれぬ宗易の言い方に、お稲は驚いたようだったが、

「わたくしの目を盗んでいたおつもりでしたか」

と、嘲笑を口に浮かべた。

「いや……」

宗易は、自分がお稲の目を盗んでいるつもりはなかった。只、それは妻に知らすべきことではないと思っていたに過ぎない。が、お稲に言われてみると、目を盗んでいたことになる。宗易はそのことに今更のように気づいたのである。だが考えてみると、堺の商人の中には、一つ屋根の下に女を置いている者もないではない。しかし宗易は言った。

「お稲、人間という者は、隠れてことをなすのが好きなものじゃ。子供の頃の遊びで、最も楽しいものが、かくれんぼ。な、そうであろう」

悪びれぬ宗易に、お稲は恨みの言いようもなかった。もし宗易が、何かと弁解をしたならば、お稲はもっと恨みの言いようがあった。だが宗易は微動だにしなかった。それどころか、晴れて女のもとに通うことを認められでもしたかのように、

「お稲は、わしの女たちに会ったことがあるのか」

とさえ言った。

お稲は、宗易の二人の女を知っている。一人は、影の薄く見えるほどの淋しげな女であり、一人は、腰の張った、幾人でも子供を産みそうな、健やかな女であった。だ

がその女たちを、お稲は恐れたことはなかった。なぜならその二人は、どう見ても自分よりも立ちまさっているとは思えなかったからである。

お稲もまた、人々と同様に、ひとかどの男が、女を他に囲うのは、当然であるという思いの中に生きていた。お稲自身、三好元長の女の娘であった。それは側室と言えるほどの地位も与えられていない母であった。騒ぎ立てる気持ちは、はじめからお稲にはなかったのである。

だが、おりきの場合はちがっていた。おりきが千家に住まいするといううわさがひろがると、おりきについてのうわさもまた、お稲の耳に入ってきた。

「おりきという女は、男の心を奪う女だ」

といううわさが、特にお稲の心を痛めた。そしてまた、

「三好長慶の武将松永久秀が最も執心している」

という声も聞いた。松永久秀は、のちに長慶の娘を妻としている。後に将軍足利義輝を殺し、主家である三好家を亡ぼした佞臣として世に名高い。が、端正な、心清らげに見える武将であった。それはともかく、利け者の風評の高い松永久秀が、おりきを望んでいるといううわさに、お稲の心は揺らいだ。

と言って、一旦引き受けたことを断りもならず、思いあぐねたお稲は、兄実休に匿

名(めい)の書状を出したのである。実休もまた、おりきに執心しているとお稲は聞いていた。だからその手紙は実休の心を変えるにちがいないと思ったのである。

たしかに、実休が松永久秀を恐れて、おりきを宗易のもとに預けようとしたことは、宗易にも知れていた。

「あなたの女たちに、会ったことはござりませぬが、見かけたことはござります」

「それで安心していたのであろう」

「はい、あれでも、旦那(だんな)様のお好みに合うのかと、ふしぎに思われて」

お稲は驕慢(きょうまん)に笑った。

「お稲に立ちまさった女は、そうはいない。お稲は器量よしじゃ」

宗易の言葉は嘘(うそ)ではなかった。

「でも旦那様。おりきさまだけはいけませせぬ」

「そんな心配はいらぬ。実休殿でも、松永久秀殿でも、意のままにならぬ女性(にょしょう)じゃ。わしなどの手に落ちる筈(はず)はないではないか。第一、わしは、そんな固い女には、それほどの興味はない。女というものはやはり、触れなば落ちん風情(ふぜい)がなければのう」

その言葉も、宗易にとって、全くの嘘ではなかった。おりきに会うまでは、女というものは、そのような瑞々(みずみず)しさを持ったものでなければならぬと、宗易は思っていた。

どんな男の言葉にもなびかぬ女などという者は、ものの哀れも、情も解さぬつまらぬ者だと思っていた。

それがおりきに会って、一変したのである。それは、宗易がかつて見たことのない女性だった。瑞々しさに溢れるような色香を湛えながらも、余りにも清らかであった。清らかさというものが、あれほどに心を魅きつけるとは、宗易は思っても見なかった。それは、清められた茶室の聖さにも似ていた。

三

(ふしぎなお人じゃ)

宗易は今もそう思う。

宗易の傍らで、与之介と吉兵衛は、ほとんど言葉も発せず将棋をさしている。十五畳の書院の床には、細口の壺に黄色い水仙が一輪さされてあった。正月らしい和やかな感じである。

吉兵衛は先程と同様に長考し、与之介もまた同様に早指しである。

(二人共、十四か)

この翌年には自分は女を知っていたと、宗易は苦笑をした。親に隠れて、この与之介もやがて、あるいは湯屋街に遊ぶようになるかも知れぬと宗易は思った。湯屋街は、港堺に集まってくる男たちの歓楽境であった。いや、堺の男たちの遊び場でもあった。が、宗易は、湯屋街に遊んだことはない。宗易の遊びは、あくまで静かな、一軒の女の家でなされた。特におりきを見かけてからは、おりきの面影をふり切るように女のもとに通いもした。

与之介が女遊びをするかも知れぬ年頃になりつつあることを、改めて思いながら、吉兵衛もまた同じ年だと宗易は思った。が、吉兵衛にはまだ、幼顔が残っている。

（よい男の子じゃ）

おりきの面ざしを宿しているからでもあろうか。宗易は、初めて会った時以来、吉兵衛が気に入っている。吉兵衛もまた、控え目ながら、宗易に対して、親愛の想いを見せてくれた。今日この家に持参した吉兵衛の土産は、殊に宗易の心を打った。

「つまらぬものでござりまするが、母と共に、阿波の浜べにて拾ったものにござりまする」

吉兵衛はうやうやしく言い、桐の小箱を二つ差し出した。

「阿波の浜べに？」

「はい、浜べにて」

その小箱の中に入っていたのは、思いがけなく碁石であった。

「ほほう、これはこれは」

宗易は言葉がつづかなかった。二つの箱には、それぞれに白い石、黒い石が、ぎっしりと入っていた。多少の形の違いはあるにせよ、ほとんど同じ大きさの小石が集められてあった。宗易はそれを掌(て)に取って眺(なが)めながら、

「これだけ揃(そろ)えて集めるのは、大変なことであったのう」

と、感歎(かんたん)した。

「はい、でも、集めることは楽しゅうござりました。千宗易様に差し上げることが楽しくて……母と二人で、よく浜べに参りました」

宗易は、足を引きながら、おりきと共に小石を拾う吉兵衛の姿を思い、おりきの心を思った。

（おりきはなぜ、この自分に小石を拾ってくれたのであろう）

「それでも、三年程かかって、石の数が揃いました」

石の一つ一つを手に取って、丁寧に見ている宗易に、吉兵衛はうれしそうに言った。

「うーむ、三年ものう」

宗易の胸は熱くなった。その宗易の心を知ってか知らずか、吉兵衛は言葉をつづけ

た。

「はい。この碁石を拾いながら、母は父のこと、宗易様のこと、堺のことを、話してくれたものでございます。わたくし奴も、幼い頃に遊んで頂いた覚えがございまして、石を集めることが楽しゅうございました」

宗易はいい知れぬ感動が、身内をつらぬくのを覚えた。異郷に父親を失った吉兵衛が、母のおりきから、この自分のことを聞きながら、小石を拾ってくれた。それはおりきの心か、吉兵衛の意志か。恐らくはおりきが先ず思い立ったことにちがいない。

宗易はそう思いたかった。

（それにしても、なぜ？……）

おりきはこの自分に、このような真実を傾けてくれたのであろう。単に、亡き宮王と自分の間が親しかったからであろうか。

（それとも……）

おりきの心の中に、自分というこの存在が、大きなものになっているという証しでもあろうか。

（まさか、そうではあるまい）

（いや、そうかも知れぬ）

（うぬぼれてはならぬ）

（いや、これが一つの心を伝えて来たとするならば、それに自分も応えねばならぬ）

（単なる土産じゃ。深い意味のあることではない）

（果たしてそうであろうか）

宗易の心は、右に左に揺れた。三好実休や松永久秀の、おりきに寄せる執心は、おりきを辛い立場におかせているのではないか。おりきはこの自分に、助けを求めているのではないか。そうも宗易は思ってみた。

（それにしても、実休殿の心はわからぬ）

何を思ってか、昨夜実休は不意に、明日吉兵衛をつれて遊びに寄ると知らせて来た。お稲は眉をひそめたが、宗易もまた不安であった。何かおりきの上に、変事が起こったのかと思ったのである。

が、今日の午さがり、吉兵衛を伴って、千家を訪れた実休は、茶室で宗易にこう言った。茶室にはむろん、吉兵衛も与之介もいなかった。

「実はのう、宗易殿。あの松永久秀がのう。おりきを諦めてはおらんのじゃ。宮王家に、あからさまに訪ねることこそ、今は控えているが、正式に妻として、おりき殿を迎えたいとの意向をわしに洩らしてのう」

実休は、いかにも困り果てた表情であった。

「松永殿は利け者。正妻とあらば、おりきどのにも悪い話ではござりませぬのう」

宗易も、穏やかならぬ胸をおさえて、さりげなく言った。

「お主、まことにそう思うのか」

珍しく、実休はきっとした表情を見せた。

「………」

妙なことになったと宗易は思った。おりきに心を寄せる男が三人、それぞれ思惑を抱いている。宗易自身、決しておりきに対する想いを見せてはいないが、自分の想いの深さが一番深いと宗易は思っていた。

「お主は、あのおりきが、松永如き男のもとに行くことを、まことの幸せと思うのか」

宗易は、実休という男が嫌いではない。おりきを自分の庇護のもとにおきながら、無理強いをしなかったことにも、尊敬の念を抱いている。しかし松永久秀は、何をするかわからぬ男だと、宗易は見ている。茶会で会ったことはあるが、その才気は稀なるものであった。表情にも言葉にも声にも、際立ったところがあった。文芸の道にも長じていて、墨跡を即座に評する才にもぬきんじていた。が、どこかその整った顔の下に、言い知れぬ冷たさがあった。激しい炎と、氷を、共に蔵している人物に見えた。

「なるほど、言われてみれば……」

「わしはのう、宗易殿。あれは力のある男だと思っている。家臣ではあるが、何となく圧迫を受けるほどの、力のある男だと思っている」

「なるほど、主君を圧迫するほどの家臣……」

「味方にしては、実に力強い男じゃ。頭もまわる。町人たちの心をつかむにも秀でている。だが、一旦敵にまわすとすると、あれほど恐ろしい男も少ない。あれは思い切ったことをする奴じゃ」

「いかにも」

言葉少なに宗易は答える。あの久秀の妻となっては、おりきの生涯も波乱に富んだ生涯になるかも知れない。いや、あの妙に冷たい性格は、決しておりきを幸せにせぬかも知れぬ。実休が単に恋仇として、久秀を警戒しているだけではなく、心からおりきのためを思って言っていることが、宗易にもわかった。わかりはしたが、何となく実休から、おりきを離してしまいたい思いもある。宗易の心は複雑であった。

「それでじゃ。ものは相談だが、おりきとお主とが、既に、わりない仲になっているということにしては、もらえぬものか」

宗易は驚いて、

「それは……」

と、実休を見、

「わたくし如き者に、そのようなお役目は、荷が勝つというものにございます。それよりも、実休殿の寵(おも)い者ということになさっては、いかがでござりまする？」

「ならぬ。それはならぬ。久秀は恐ろしい男でのう」

実休は、心から家臣の松永久秀を恐れているようであった。

「や、やられた。わしの負けだ」

与之介が駒(こま)を投げ出して、大きな声で言った。その声に、吾(われ)に返った宗易は、やや日の傾いた外に目をやった。

秘蔵の釜

一

三好家の菩提寺南宗寺は、時折長慶やその将たちの会合の場となっていた。今、宗易はその南宗寺に重い足を運んでいく。折から彼岸の中日とて、かつぎをかぶった女たちや、孫に手をひかれた老婆などの姿が、南宗寺への道に目立った。三好家の武将松永久秀から、茶を一服献じたいという招きがあったのは四日程前のことである。客は宗易一人であることを、その書状には認めてあった。

(いかように、久秀殿は話を切り出すであろうか)

話はむろん、故宮王太夫の妻おりきのことである。三好長慶の弟実休は、家臣久秀のおりきへの執心を知って、この正月、宗易に相談を持ちかけた。おりきは宗易の女であると、松永久秀に明言してほしいという相談であった。

宗易はためらった。宗易は堺に帰ったおりきに、まだ一度も会ってはいなかった。

会ってもいないおりきを、いかに厚顔であろうと、自分の女であると公言することはできない。その時はそんな話のままに別れたが、実体はお稲にも因果をふくませて、そのうわさを流した。が、依然として、今に至るまで宗易はおりきに会ってはいないのだ。

柔らかい弥生の雲が、青い空にゆっくりと流れて行く。歩みを進める宗易の顔が汗ばむほどのあたたかさだ。

「宗易、おりきは確かにそちの女か」

単刀直入に尋ねられたら、何と答えてよいものか。

(いや、あの男は、そのような問い方はすまい)

もっと婉曲に、じわじわと攻め立てるであろう。返答如何でおりきの運命が定まると思えば、足取りも次第に重くなる。宗易はいつしか腕組みをしながら、むっつりと歩いていた。

南宗寺の境内に入ると、すぐ右手に墓地があった。満三年前までは禅院であったが、弘治二年、南宗寺として開山された。僅か三年の間だが、墓地には結構墓石が増えている。

(年々人は死ぬものじゃ)

宗易は香の煙のたゆたう墓地に足を踏み入れた。赤い小袖や紫のかつぎが、艶いて墓石の間に動く。

宮王の墓が建立されたことを思い出して、宗易は俄かに詣でる気になった。何十基かある卒塔婆や墓石を目で探しながら、ようやく墓地の片隅に、宗易は宮王の墓を見いだした。築地塀のすぐ傍らに、宮王の墓は、仰々しくもなく、と言ってみすぼらしいほどに小さくもなく、いかにも品のよい作りでそこにあった。宗易はふと、訝しく思った。既に午の刻（正午）を過ぎ、もう九つ半（一時）になろうとしている。同族も少なくないのに、今日詣でた跡がない。二、三日前供えた花であろうか、都わすれの花が幾分しおれて飾られてあり、団子が一つ崩れ落ちている。宗易は、宮王三郎の墓碑の前に、静かに手を合わせた。

（宮王殿、余りに早く亡くなられましたのう）

心の中でそう呟くと、未だかつて感じたことのなかった宮王への悲しみが、不意に胸に突き上げてくるようであった。今までは、死んだとは聞いていても、遠い阿波の国で宮王はまだ生きているように思われた。あの朗々とよく透る声でうたい、そして、あの確かな響きを持つ鼓を、調べも高らかに打っているような気がした。

（宮王殿、久しぶりであったのう）

宮王の温容がまざまざと思い出された。宮王の見事な茶の湯の所作が、一つ一つ鮮やかに目に浮かんだ。

（吉兵衛殿も、よいお子じゃ）

語りかけつつ、宗易は涙の滲む思いであった。それは、宮王亡き後に、女手一つで吉兵衛を育てたおりきの苦労が思いやられたからでもある。が、それにもまして、美しいおりきと、素直な吉兵衛を残して、他国に死んで行った宮王の悲しみが、なぜか胸に迫ってならなかったのだ。

宗易は、指で涙を払い、帯の間から扇子を出して、花の代わりに墓の前に供えた。そして再び手を合わせ、これから会う松永久秀のことを思って、

（おりきどののこと、心配召さるな）

と、頭をあげた。

その時、うしろに人の気配を感じて宗易はふり返った。そして、はっと息をのんだ。そこに、思いもかけず、小袖姿のおりきがひっそりと立っていたからである。

とっさに何の言葉も出ず、宗易は呆然とおりきをみつめた。その黒々とした豊かな髪といい、ものいいたげな小さな口もとといい、澄んだ清らかなまなざしといい、おりきは以前と、ほとんど変わってはいなかった。

「お久しゅうございます……。ご丁重なお詣りをいただき、うれしゅうございます」

涼しい声音も以前のものであった。

「ここで……お目にかかろうとは……」

それ以上、宗易は言葉がつづかなかった。挨拶の言葉に詰まったことのない宗易には、珍しいことであった。

「宗易様のお詣りのご様子……失礼ながら心打たれておりました」

「いや、見苦しいところを……」

涙を拭っていたところを見られたかと宗易は思った。

「お大事な扇子までお供え下さりまして、宮王もさぞ喜んでいることと存じます」

水仙の花を抱えたおりきは頭を下げた。その物腰の美しさに、宗易は改めて目を見張った。

「宗易さま」

涼しい目が、宗易をひたと見た。宗易もおりきを見た。そのまま二人は、言葉もなく向かい合っていた。宗易は言葉を出すのが惜しいような気がした。おりきが先に視線を伏せた。が、目を墓にやって、

「あの、いつぞやは吉兵衛がお伺いいたしまして……」

「いやいや、お礼が遅くなりました。あの節はお心こもった碁石を頂戴し、何よりの宝と、大切にいたしております」

「まあ、浜にて拾いましただけのもの、恐れ入りましてござります」

おりきは墓前に花を供えると扇子を手に取り、

「これを家の仏壇に、いつまでも供えさせていただきとう存じます」

と、目を上げた。媚びのないまなざしであった。宗易はうなずいた。

「ありがとうございます」

おりきは扇子を袂に入れて、

「宗易様、ちょうど今の時刻に、宮王は亡くなりましてござります。それで今の時刻に詣ることにいたしております」

と言うと、かがんで墓に向かい、手を合わせた。白い襟足が春の日に匂うようであった。宗易はその襟足から目を外らした。おりきは何を祈っているのか、長い間手を合わせている。再び宗易の目がおりきの襟足に戻った。そして三度、宗易は目を外らした。

夫の墓前に手を合わす女の姿は、美しいと宗易はしみじみ思った。その美しさには哀しみがあった。それは、男の宗易の胸に訴える哀しさであった。

やがて宗易は、いつまでも手を合わせているおりきを残して、静かに立ち去ろうとした。と、おりきが立ち上がった。

「失礼をいたしました」

おりきが一礼した。

「いや、こちらこそ」

夫の前に長い祈りを捧げるおりきをみつめていた無作法に気づいて、宗易は答えた。

「ところで今日は吉兵衛殿は？」

「はい、兄の道三たちに加わって、奈良の興行に参りました」

「おう、それはそれは。……では、約束がござりますので、これにて失礼」

「お詣り、ありがとうござりました」

礼を言うおりきの日に、深い想いがこめられていた。宗易もまた、深い想いをこめておりきを見た。午下がりの墓地に、いつしか人影は疎らになっていた。

二

墓地を出て右に、奥深い道がある。天を突く欅のそばに第二の門があって、その門をくぐると俄かに境内が広くなる。宗易はそこまで、夢中で歩いて来た。おりきに会った心のほてりが、宗易に吾を忘れさせていたのだ。が、境内に入った途端に、宗易ははっとした。この南宗寺には松永久秀がいる。そして、同じ境内におりきはいる。しかも宮王家は興行に出て手薄ときている。何かが起こりそうな不安が、大きく宗易の胸をかすめた。道三は宮王三郎の兄である。その兄のもとにおりきは去年から身を寄せていた。松永久秀が堺に来た折も折、宮王道三を奈良に招いたのは、一体誰なのであろう。偶然か。それとも誰かの仕組んだことなのか。

（いや、わしの思い過ごしじゃ）

宗易は庭を廻って、茶室のほうに足を運んだ。露地の手前で立ちどまった宗易は、静かに目をつむった。茶室に入るには、あまりに心が乱れている。丹田に力をこめ、呼吸を整えると、ふしぎに宗易の心は静まった。露地を行く時、茶人は無念無想でなければならない。今、宗易は、心の波を静めなければならぬと思った。露地を歩きながら、自分の足音は高いと思った。そのことを宗易は心に恥じた。茶人は露地を歩く足音で、その茶の湯の技倆も知られるのだ。中にいる亭主は、その足音に、客人のすべてを悟る。いや、それを悟ることのできるのは、よほどの優れた茶人であって、並の者には悟ることはできない。宗易の師紹鷗は現代の茶人のうち、三人と下駄の履き方を知る者はいないと言った。その言葉が、今の宗易に俄かに思い出された。

足は、しのび足となった。しのび足は、足音の高いのより悪いと、宗易は心得ている。それでいて、自ずとしのび足になった。無心に歩くということのむずかしさを思いながら、宗易はつくばいに近づいて行った。

筧をしつらえたつくばいで、宗易は左の手を洗い、右の手を洗った。そして水を口に含むと、うがいをした。心は更に平静となっていく。

茶室はうす暗かった。正面の床の間に一礼した宗易は、軸を眺め、炉をあらため、釜を拝見して席につくと、右手に持った扇子を静かに自分のうしろに置いた。常時予備の扇子を宗易は持っていた。いついかなる時、扇子を損なうかわからぬからである。先程宮王の墓に供えたのは、この何年か使っていた扇子であった。と、襖が音もなくひらかれて、松永久秀の姿が現れた。久秀は端然と礼をし、宗易もそれに応じた。

久秀もまた宗易と同じく紹鷗の弟子である。が、今、久秀を見た途端、亭主としてはまだ未熟であると思った。それは久秀が、あまりに端然とし過ぎていたからである。亭主には、もう少し包容力がなければならない。そう思うのは、久秀の容貌が整い過ぎているからであろう。一客一亭の茶の湯はむずかしい。二人の人間が相対するということは、決して生易しいことではないのだ。かすかな呼吸の乱れも、直ちに相手に伝わる。

近頃、名の上がっている宗易の前に、たとい武将といえども、久秀は固くなっているのかも知れない。いや、この後語るであろうおりきのことに、心が乱れているのかも知れない。そう思った宗易は、ゆっくりと息を吐いた。長い呼吸は、心にゆとりを与えるのだ。亭主が固くなっている時、客人は一層ゆとりのある心にならなければならない。

やがて茶が点てられて、その茶碗を宗易が手に取る頃には、久秀の顔にも、幾分和らぎが見えた。そして、道具拝見のあとでは、いつもの久秀の顔に戻っていた。

「今日の彼岸はよき日和じゃのう」

道具を片づけてから、久秀はかすかに口もとに微笑をたたえて言った。

「まことに」

言葉少なに答えて、宗易は久秀の口もとを見た。久秀の唇は、右端がかすかに上がる。それが端正な久秀の表情に動きを与えた。親しみやすくさせるのだ。

「わしはのう、彼岸というのが好きでのう」

「は？」

「女どもが、今日ばかりは、貴賤の別なく町に溢れるからのう」

「なるほど」

宗易は笑ってみせた。次におりきのことを言い出すのであろうと、言葉を待つと、

「昔の茶室は、二階桟敷(さじき)に設けたものと聞いておるが、それはまことかのう」

と、話題は女から離れた。

「は、さように聞いております。このようにひっそりと静かな茶室ではなく、四方開け放して、眺望(ちょうぼう)を楽しみながら、賑(にぎ)やかに茶会を催したらしく聞いております」

「その頃も茶の湯と言ったのかのう」

静かな笑顔だが、いつ冷酷な表情に変わるかわからぬものが久秀(ひさひで)にはある。

「茶寄合(ちゃよりあい)と申しましたとか」

「茶寄合か」

「何でも、十種類ほどの茶を次々と点て、それを飲んで銘柄(めいがら)を当てて遊んだと申します」

「ほほう、十種も茶を飲んでは……大変なことよのう。それに金を賭(か)けたのか」

「茶寄合には賭けがつきものとか」

「もしそれが酒ならば、十種類も飲んでは、大いに酩酊(めいてい)するところよのう」

久秀は笑った。声を立てて笑ったのだが、声のない笑いのような印象であった。

「室町初期の頃は、闘茶も、より退廃的であったと聞いておりますが……」

「いや、以前のことは、わしは知らぬ。村田珠光から、書院の茶道の型式は整ったとは聞いておるが、室町初期のことは、浅学にて知らぬ」

「私も、人づてに聞いた話でござりますが、あの頃は闘茶のあと、侍女や比丘尼を侍らせて、絃歌のさんざめきが、人々の耳目をそばだてたと、記録に残っているそうにござります」

「それはまた、おもしろい話よのう。飲む、打つ、買うの、それこそ三拍子揃った遊びであったのか」

　再び久秀の唇が、右に上がった。

「今の茶道は、禅と結びついておりますが……」

「いや、禅などより、女と結びついたほうが楽しいのう」

　細くなった目が、不意にちかりと光って、

「今日のわしの話も、実はのう魚屋殿、言ってみればその女の話じゃ」

「は？」

　いよいよおりきのことだと覚悟しながら、宗易は訝しげに久秀を見た。久秀は確か、宗易より十一、二歳上である。が、五十近いとは見えぬ若々しさが、久秀の顔にみなぎっていた。見ようによっては、三十代と見えるのも、その端正な顔立ちの故であろうか。今しがた会ったばかりのおりきの顔を思い浮かべながら、宗易は久秀の言葉を待った。久秀は腕を組み、ややしばらくの間、目をまたたかせていたが、

「考えてみれば、わしと魚屋殿は、親戚みたいなものよのう」

「親戚？　と申しますると」

と訝る宗易に、久秀は言った。

「そうではござらぬか、魚屋殿。わしは天文八年以来、今日まで三好家のために身命を賭して来た。考えてみれば今年で二十一年目じゃ」

「…………」

「わしより十一も年下の長慶殿を助けて、わしは必死になって戦って来た。言ってみれば、長慶殿が今日あるのは、わしの働きに負うところと思うのだが……いや、これはここだけの話だがのう」

言われて見れば、松永久秀の言葉のとおりだと宗易も思った。今、久秀は、堺と奈良の間の信貴山に城を修築中である。恐らく八月頃には、久秀はその信貴山城の城主となるにちがいない。この城のそばを、奈良に至る街道が通っている。重要な地に久秀を置くということは、事実上近畿一帯を治める実権を久秀に譲るということでもあ

る。信貴山城が出来た暁は、長慶は飯盛山に引きこもるという噂があった。何れにせよ、今の久秀の述懐は本音であろうと宗易は思った。

「まあ、言わばわしは、三好家の家臣とは言い条、三好家の者以上の存在じゃ。少なくとも実休殿よりはな」

久秀は皮肉な微笑を浮かべ、

「そなたは、長慶殿の妹御を娶っていられる。言ってみれば、わしと同じく三好の一族よのう。そうではござらぬか」

宗易は、久秀の言い方に、油断のならぬものを感じた。

「その一族の誼で、聞きたいことがあるのだがのう」

「いかなることでござりましょうか」

宗易の声は静かだった。

「そなたな、宮王三郎の……あの妻女をご存じか」

宗易はあいまいに笑って見せた。そうすることは言葉より含みの大きい答えに思われた。

「あのおりきとやらは、実に稀に見る美形よのう」

再び宗易は微笑した。

「わしはのう、あのおりきを、阿波ではじめて見かけたのじゃ。能見物の時であった。まだ宮王三郎の生きていた頃じゃ」

「なるほど」

幾年も前のことだと、宗易は胸の中で、その年月を数えながらうなずいた。

「奥女中たちにまじっていたのだが、あのおりきだけは、ぬきん出て光って見えた。実にまばゆく見えたわ。正直わしは、このような女がこの世にいたのかと、心を奪われてしまったのじゃ」

宗易の胸が波立った。

「が、その時は他人の妻女。まさか奪うわけにはいかぬ。しかし、阿波に行く度、あのおりきに会えるかと、わしは楽しみにして参ったものじゃ。ところが宮王の死を聞いた。わしは何とかして、自分のものにしようと思ったが、実休殿が何としても、うんと言わぬ。わしは実休殿の寵い者らしいという噂も聞いてな、これもまた致し方ないと、わしは諦めた」

「…………」

「ところが、あの女は実休殿のものではなかった。そこで実休殿に橋渡しを頼んだが、とんと煮え切らぬ。そうこうするうちに、おりきが堺に帰って来た。で、聞けば魚屋殿、あの女はそなたのものだと、もっぱらの評判。それで今日、わしは真偽を確かめとうて、魚屋殿にお出で願ったというわけじゃ」

「恐れ入りましてござります」

頭を下げながら宗易は、じわじわと追いこまれているのを感じた。その宗易を探るように見て久秀が言った。

「おりきは、確かにそなたの囲い者か」

久秀らしからぬ単刀直入の言い方であった。宗易は答えに窮した。それを何と取ってか、

「いや、野暮な問いようで、申し訳もござらぬ。だがのう、魚屋殿。わしも、浮いた気持ちで一時の慰み者にしようなどというわけではない。そなたも知ってのとおり、わしの妻は長いこと病み患ろうて、つい先年、みまかった」

「………」

「わしも来年は五十じゃ。おりきは確か、まだ二十七とか。年は離れてはいようが、わしには三好家の武将の地位がある。それほど悪い話だとは思わぬのだが……」

「仰せのとおりでござりまする」

「と申すと、承知してくれると言うことか」

久秀が膝(ひざ)を乗り出した。

「いや、承知するもしないも……何分急な話で」

宗易は言葉を濁した。実休の流したうわさのとおり、自分の女だと思わせておくほうがよいか、自分とは関(かか)わりのない女だと言ったほうがよいか、宗易は迷った。自分の女でもないものを、そうであるかのようにふるまうことは、余りにも厚顔に思われた。が、久秀が強引にあのおりきを妻にしかねないことを思えば、無関係であるとは、更に言いたくはなかった。

(あのおりきは……)

先程、墓で会ったおりきの、匂(にお)うような白いうなじを思い浮かべながら、

(あのおりきは、わしのものじゃ。誰にも奪わせはせぬ)

宗易は決然とそう思った。

(おりきどののこと、心配召さるな)

宮王の墓に、そう言って来たばかりなのだが、その時、久秀は思いがけないことを言った。

三

南宗寺を出るとすぐに濠があった。深い濠には、澄んだ水が満々と湛えられている。この濠は、堺の町の三方をぐるりと取り囲んでいる。一方は海にひらけていたから、堺は水に囲まれた町とも言えた。この濠は、外敵から堺を守るための濠である。その濠のほとりを、今宗易はゆっくりと歩いて行く。そして時折立ちどまる。

（松永の奴！）

宗易はいまいましげに呟いた。まっすぐ家に帰る気にはなれない。しばらく行くと、濠の傍らに格好な石があった。そこに腰をおろして、宗易はぼんやりと濠の水を眺めた。青い空と白い雲が水に映っている。

松永久秀は、あの後、こう言ったのだ。

「のう、魚屋殿。そなたも近在に聞こえた茶人。道具の目利きも確かとの評判だが……」

今までおりきの話をしていた久秀が、不意に茶道具の話をはじめた。何のことかと不審に思った宗易に、久秀は言葉をつづけた。

「そなた、わしの平蜘蛛の釜を、まだ見ていないであろうな」

平蜘蛛の釜と聞いて、宗易ははっとした。千金を積んだとて、決して手放すまいと聞いている、久秀秘蔵の釜である。

「残念ながら、未だ拝見してはおりませぬ」

「では今度、平蜘蛛の釜で茶を点ててつかわそうか」

「それはまことでございますか」

音に聞く名物を見られると知って、思わず宗易の声が弾んだ。

「まことよ」

久秀は宗易の顔を、光る目でじっと見た。

「それはありがたきこと……」

頭を下げた時、久秀は更に意外なことを言った。

「魚屋殿、場合によっては、そなたになら、あの釜を進呈してもよいと思っているのじゃ」

「進呈!? 松永様、おからかいになってはいけませぬ」

平蜘蛛の釜は、茶人たちにとって、垂涎の名器である。その名器を進呈するとは、到底考えられないことであった。むろん、堺の富商が、権力者に名器を献ずることはある。また、抜群の功を立てた武将に、主君が名器を与える話はないでもない。が、久秀と自分との間では、そのようなことは起こり得る筈はなかった。

「からかう? まじめな話じゃ。そこでだ。のう、魚屋殿。巷間に流れるおりきとの噂は、まさか真実とは言うまいの」

平蜘蛛の釜とおりきを交換しようという久秀の腹であった。確かに平蜘蛛の釜は名物の中の名物、宗易にとってもそれは大きな誘惑であった。世に名高い平蜘蛛の釜ほどの名器は宗易もまだ持ってはいなかった。

だが、宗易には、先程会ったばかりの、おりきの輝くばかりの白いうなじが焼きついている。宗易は久秀の端正な顔をみつめ返して、

「おりきとの噂は、松永様のお耳にまで達しておりましたか」

と、苦笑して見せた。

「うむ、家臣の中ではもっぱらの評判よ。わしも、いろいろ調べさせて見たが、そうだという者もあり、全くちがうという者もある」

「………」

宗易は故意に黙っていた。

「すると、こういう話をした者がある。あのおりきは、とうに千宗易とできている。その証拠に、阿波の浜べで何年がかりで拾うた碁石を土産にした事実があるとな。女が浜べの石を拾うて碁石に贈るとは、只事(ただごと)ではない。その碁石の話は、まことかの」

久秀は体を前に乗り出して言う。

「あの碁石のことまで……お耳に入っていようとは」

「では、まことじゃな」

「誰の口から、洩れたものやら」

困惑したように、宗易は視線を仄白い障子に転じた。

「ふーむ」

久秀は羨望のまなざしで、宗易を見た。が、やがて、唇もとに薄笑いを湛えて、

「魚屋殿、そなたは羨ましい男じゃ。しかしのう、あのおりきも、罪作りな女よのう。わしの心をこれほどまでに、揺るがせようとは……」

「いや、松永様。世にはもっと優れて美しい女性もございましょうに」

「おらぬ！　京にも奈良にも、大坂にも、あのような女はおらぬ。魚屋殿、あれは珍しいおなごじゃ。わしはのう、あのおりきを得るためなら、正直平蜘蛛の釜をそなたに譲ってもよいと思っているのじゃ」

否とは言わせぬ、鋭い目であった。宗易は忙しく言葉を探した。

今、濠の水を眺めながら、宗易はその時出た自分の言葉を思い返した。宗易はこう答えたのだ。

「松永様、おりきは、平蜘蛛の釜の価しかない女でございますか」

その言葉に、久秀の顔色がさっと変わった。

「何!? 平蜘蛛の釜の価しかとな。魚屋！ 平蜘蛛は天下の名器、そなた、あの釜を軽んずるのか」

久秀のこめかみに青筋が立った。宗易は静かに答えた。

「松永様、わたくしとて茶人の端くれ。天下に名高い平蜘蛛の釜を、軽んじなどは決していたしませぬ。が」

言いかける宗易の言葉を遮(さえぎ)るように久秀は言った。

「いや、軽んじておる。そちは今、おりきは平蜘蛛の釜の価しかない女であるかと、言ったではないか」

「松永様、いかに天下の名器でも、道具は道具に過ぎませぬ。道具は人のためにあるもの、人が使うものにございます。人の価は道具では……」

「いや、おりきがいかに器量の優れた女でも、たかが女じゃ。平蜘蛛の釜には、及びもつかぬわ」

久秀の顔が紅潮した。

「お言葉ではございますが……」

「いや、聞かぬ。そなたは血迷うておる。よほどおりきに、うつつをぬかしておるわ」

「………」

「そなたほどの茶人が、あの釜をおりきより安いと目利きした。これは大笑いじゃ」

乾いた笑い声を立てたが、すぐに納めて、

「魚屋、おりきがいかに美しいとはいえ、もはや二十七歳ではないか。年々に色香を失っていくばかりよ。そこをそなた、よく考えてみい」

「………」

「だがの、あの平蜘蛛の釜は、千年が二千年経(た)っても、名器として、その命を永遠に保つのじゃ。いや、年経る程に、名器の名は上がるばかりであろう。そこの道理が、そちほどの人間に、わからぬとはのう」

再び久秀は笑った。

その笑い声を背に宗易は茶室を出て来たのだった。

（久秀という男！）

宗易は濠の水から目を上げた。何の鳥か、向こう岸の柳にとまっている二羽の小鳥が見えた。

久秀の考え方は、男として、別段珍しくはなかった。女を金で買うという考え方は、世間一般の考え方であった。が、そうした中でも、天下の名物を女と交換してもよいという男は、そうはいないであろう。久秀の想いの深さを宗易は見たような気がした。しかしなぜか、おりきと平蜘蛛の釜とを換えてもよいと言った時、久秀の想いの深さよりも、別のものを見たような気がした。それは、目的のためには手段を択ばぬというあざとさであった。そこには凄じさがあった。久秀という男の、油断ならぬ恐ろしさを、改めて見たような気がした。その久秀に、

「おりきは平蜘蛛の価しかない女でござりますか」

と答え得た自分が、宗易自身にもふしぎであった。そう言わせたのは、やはりおりきという人間の故だと思った。もしこれが、他の女であったとしたら、自分は、名物に目が眩んだのではないかと思う。女が、男の道具か玩具のように思われている今の世に、おりきが新たな人間の見方を示してくれたような感動を、宗易は覚えた。が、あの松永久秀があのまま引き退るかどうか、不安であった。

鴨川のほとり

一

家内は既に寝しずまっていた。風もなくひっそりとした夜だ。それでも、波の音が静かに聞こえてくる。宗易は闇の中に目をひらいていた。眠ろうとすればするほど、目が冴えてくる。昼に会った松永久秀の言葉が思い出されてならないのだ。

(奴は平蜘蛛の釜を、おりきと引きかえに譲ってもよいと言った。あれは只事ではない)

あの時の、久秀の鋭い目を、宗易は思い起こす。否とは言わせぬ目であった。久秀の、おりきに対する執心が、今になって新たに身に迫る思いであった。

(確かに只事ではない)

宗易は胸の中でくり返す。天下の数寄者たちが垂涎のあの釜を、手放そうと久秀は言ったのだ。その久秀に、

「おりきは、平蜘蛛の釜の価しかない女でございますか」

と、宗易は切り返したのだ。その時の、さっと変わった久秀の顔を思い返して、今宗易は、何か胸騒ぎのする思いであった。久秀は、宗易が釜にとびつくと信じて疑わなかったのだ。喜んでおりきとの交換を受諾すると思いこんでいたのだ。ところが宗易は、久秀の言葉を軽く斥けたのである。

「そなた、あの釜を軽んずるのか！」

端正な久秀のこめかみに、太い青筋が立った。

（怒らせてしまった！）

もっとちがった返事のしようがあったかも知れないと、今になって宗易は後悔した。

近畿一帯は既に三好長慶の勢力下にあった。が、その長慶の勢力を、家臣の久秀が、次第にしのぎつつあった。この堺の町にも、久秀は着々とその威を張りつつあった。今、久秀は、堺商人の財力によって、多聞山城を奈良の眉間寺山に築城していた。更に、堺から奈良に通ずる奈良街道には、信貴山城の修築が終わろうとしていた。この二つの城の完成は、松永久秀の実力を示すものでもあった。特に、堺商人の心を掌握することにかけては、久秀は長慶に勝っていた。今や時代は、長慶からその家臣の久秀に移りつつあった。

（油断のならぬ相手なのじゃ）

夜になって、その久秀の抗し難い威力に、宗易は不安を感じはじめていた。そしてそのことがまた、宗易を腹立たせた。

（たかが、武将共に）

宗易の血の中には生来武将に対する反発があった。きかぬ気の宗易は、闇の中で、かっと目をひらく。

（とは言え、奴も只の鼠ではない）

数年の歳月と、莫大な財を費やして築きつつある多聞山城は、宗易もこの目で、二、三度見ている。それは、今まで見た山城とは全くちがったものであった。後に、「多聞櫓」と呼ばれるようになった石垣を用いた櫓は、それまで何処にもなかったものである。後にこの多聞山城を訪れたルイス＝デ＝アルメイダは、次のような記録を残している。

「この城は日本において、最も美麗なるものの一つにして、松永久秀という人の城である。この人は今、七カ国を領するに過ぎないが、日本全国において最も尊敬され、また全権を持っている三好長慶と、将軍義輝の臣下である。しかし久秀は才知あり、長慶や義輝に服従するが如きでありながら、まるで長慶や義輝を臣下の如く扱い、自分の思うままに長慶や義輝を動かしているほどである」

この久秀の恐ろしさは、宗易も既に知っていた。知っていながら、宗易は久秀の意に従わなかったのである。

(だが、久秀と雖も、堺の商人には手出しはできぬ筈じゃ)

宗易は布団の中で腕を組み、目をつむった。堺の商人たちは武将たちに多額の軍資金を調達してきた。もし武将たちが、堺に少しでも危害を加えようものなら、その武将は、軍資金の調達を拒まれる。つまり、堺商人と争うことは、彼らの戦力を弱めることでもあった。

(久秀と雖も、指一本ふれさせはせぬ)

宗易の口に微笑が浮かんだ。僅かでも久秀を恐れたことが愚かしく思われた。堺商人の実力を知っていればこそ、三好実休もこの自分におりきのことを托したのではないか。久秀の主筋でありながら、実休は久秀を恐れて、この自分に頼ったのだ。

そう思うと、宗易の心は次第におだやかになった。宗易は、いつしか眠りに引きこまれていた。

どれほどの時が経ったころだろう。宗易ははけたたましい半鐘の音に、はっと目を覚ました。

（火事だ！）

宗易は飛び起きた。堺は幾度か大火に見舞われている。繰る手ももどかしく雨戸をあけると、南の夜空が真っ赤に染められていた。

「どこでござりましょう？」

起きてきたお稲は体をふるわせて尋ねた。

「うむ、どこらあたりかのう」

そうは答えたが、宗易は宮王家（みやおうけ）の方向と見た。

「風がないから幸いじゃが、若い者をつれて行って来る」

灯（あか）りをつけると、宗易は手早く身仕度をし、提灯（ちょうちん）を持って別棟（べつむね）に急いだ。別棟には、店の若い者たちと、十人ばかりの浪人がいた。堺の豪商の屋敷には、浪人たちが不時の護衛に雇われていた。船を持って商いをする家には、数百人もの浪人たちが、海賊の襲来に備えて雇われていた時代である。

いち早く準備をととのえていた屈強の者を後に従えて、宗易は走った。これが、火事場に向かう時のならいであった。海に面した堺の町は、一旦火がひろがると、何千軒もの家を焼く。そんな例が過去にはあった。だから火は一軒でとめねばならない。

（まさか、宮王家ではあるまいな）

ひた走りに走りながら、宗易は思う。あちこちの家から人が飛び出してくる。宗易は走る。浪人たちがつづく。

（宮王家には、おりきしかおらぬ）

下働きの男や女たちがいたとしても、急場の用に足る者たちではない。風のないのが幸いとは思いながら、しかし妙に胸が騒いだ。宮王家が留守であることと、昨日の松永久秀のおりきへの執心が、宗易の胸の中で結びつく。

材木町の角を曲がった時、

「やはりそうであったか」

宗易は唇を嚙んだ。宮王家の離室の屋根から盛んに火が噴き、火の粉が舞い上がっていた。既に今井家や津田家の郎党たちが、邸内に忙しく出入りしていた。ばりばりとすさまじい音を立てて家は燃える。火炎がかっと頰に熱い。宗易は采配をふるっている津田宗及の傍らに駆け寄ると、急きこんで言った。

「ご苦労じゃな。天王寺屋殿。宮王殿の一家はご無事か」

茶の湯友だちでもある宗及はふり返って、

「おお、魚屋殿か、無事じゃ。何しろ無人の館じゃからな」

「無人!?　留守の者もおらぬのか？」

「おらぬ」

答えながら津田宗及は、宗易の従えて来た郎党にも下知をくだす。

（さては、松永奴におりきどのを……）

宗易の背筋を戦慄が走った。宗易は思わず屋敷内に駆けこもうとした。と、その袖をぐいと捉えた者がある。今井宗久であった。

「心配召さるな」

宗久は目顔で宗易を誘った。宗易とおりきとの噂を知っているまなざしである。

今井宗久は、武野紹鷗の女婿であり、且つ弟子でもあった。紹鷗亡き後、宗久はその莫大な財産と家業を譲り受けていた。宗易より二歳年上の宗久は、時を見るに敏なきけ者であった。津田宗及が、堺でも一、二を争う豪商天王寺屋の主でありながら、やや神経質なのに対し、今井宗久には剛腹なところがあった。

今、宗久の目に笑いを見た宗易は、誘われるままに物陰に立った。

「おりきどのはおらぬ」

いきなり今井宗久は言った。

「おらぬ!?」

「心配召さるな。わしの家に、既にかくまってあるわ」

宗久の顔が、火炎に赤々と輝く。

「さようであったか」

宗易は全身から力のぬけるのを感じた。と、今井宗久は顔を引きしめ、

「付け火じゃ」

と用心深く低い声で言った。

「やはり、付け火か」

「付け火じゃ。実はの、そなたの察するとおりじゃ」

「松永奴か」

「うむ。但(ただ)し内聞にの」

宗久はおさえた声で言った。実力者の松永久秀と堺とは、今、不仲になってはならないのだ。宗易はかすかにうなずいた。

「松永殿は、おりきどのを焼き殺すつもりであったらしい」

腕組みをしたまま宗久は言った。

「焼き殺す!?」

「うむ。かわいさ余って憎さ百倍というところであろう。むろん、そなたへの面当(つらあ)てもあるようだ」

「………」

「幸い事前に、実休殿の耳に付け火の件が入ってな」

「なるほど」

「実休殿があわてて相談に来られた。今のところ、松永殿の苦手はこのわしじゃからの」

今井宗久はにやりと笑った。手広く武具を商っている宗久は、武将たちに対して大きな力を持っていた。

「そこで直ちに、おりきどのや家人をわしの家に移してな。目ぼしい茶道具などももぬかりなく移してあるわ」

宗易は、実休が自分に相談を持ちこまず、今井宗久に持ちこんだのは、なぜかわかるような気がした。松永久秀を怒らせたのはこの宗易なのだ。

(平蜘蛛(ひらぐも)の釜(かま)の件は、やはりまずかったか)

鬱屈(うっくつ)した宗易の表情を見て、宗久は言った。

「心配召さるな。わしも男じゃ。一旦引き受けたおりきどのは、決して松永殿の手には渡さぬ」

「それを聞いて、わしも安堵(あんど)した」

燃えさかっていた屋根が突如崩れ落ちた。と、火勢が俄かに衰えた。

「しかしな、魚屋殿。松永奴は、噂どおり手段を選ばぬ男じゃ。三好一族とはちがうぞ」

宗易はうなずいた。

「おりきどのを奪って行くのならともかく、焼き殺そうとまで思ったようだから、酷い男よ」

「…………」

「それでも、奴め、一隊を引きつれて、宵のうちに信貴山城のほうに発ったと聞いた。まさか、心を咎めてのことではあるまい。恐らく、火事とは関わりないということであろう。ま、火をつければ、それで恨みは一応晴らしたということかも知れぬが」

宗久は不敵に笑った。宗久にしても、腹の底には、武将への恨みはある。信長の使者に謀殺されたとの風聞のある武野紹鷗の死を、女婿の宗久が、決して忘れる筈はないと宗易は思った。

二

宗易は、息子の与之介をつれて京都に来ていた。京都には別宅を構えていたが、この度の目的は大徳寺においての参禅のためであった。

陰暦十月の京の都は、堺（さかい）とはちがった静かなたたずまいを見せていた。堺は、絶えず潮騒（しおさい）が家の中にも聞こえてくる港町である。港には、風に帆がはためいて、日本の船はもとより、明（みん）国の船、朝鮮の船、沖縄（おきなわ）の船で絶えず賑（にぎ）わっていた。明国人は明国の服を着、朝鮮人は朝鮮の衣服をつけ、沖縄人は沖縄の衣裳（いしょう）で町の中を歩いていた。更に、商家で雇っている浪人たちが往来し、堺の町は常に活気に満ちていた。

だが京都は人通りこそ多いが、いかにも公卿（くげ）の町であった。町行く人の足どりも、宗易にはどこかみやびやかに見えた。今、宗易と与之介は、鴨（かも）川を見おろしながら、三条の橋の欄干に寄っていた。橋のたもとには一本の楓（かえで）が紅葉の盛りを見せていた。

「きれいな水よのう」

少し下流で、赤い布をさらしている女たちが見えた。女たちの白いふくらはぎが目にまばゆい。

「父上、水だけは、堺は京にかないませぬな」

「うむ」

「京でいただく茶は、やはり美味に思われますが」

「そうじゃの。水は茶の命じゃ。水がよければ、味ばかりか、茶の色までちがう」

宗易は、水の中にうるむ赤い布の色に目をやりながら、またしてもおりきを思った。あの火事のあと、おりきは堺から姿を消した。そのことを、宗易は三好実休から も今井宗久からも聞いてはいた。しかし、その行く先は二人共明かしてはくれなかった。実休は言った。

「魚屋殿。松永殿をひどく立腹させてしまったのう」

その言葉を聞いては宗易も強いておりきの行方を問うことはできなかった。

「申し訳もございませぬ」

頭を下げた宗易に、実休は、

「いや、わしのほうこそ、お主に迷惑をかけた。だがのう、未練なものじゃ、わしもな、あのおりきは久秀の手には何としても渡しとうなかったのじゃ」

「…………」

「しかし、まさか、女の家に火を放つとは、夢にも思わぬことであった」

実休は歎息した。

「わたくし奴の不手際で、何とも申し訳ございませぬ」

再び宗易は頭を下げたが、おりきの所在を明かさぬ実休に憾みが残った。実休もまた武将の一人だと宗易は思った。宗易は、おりきの行方は、奈良ではあるまいと思っていた。奈良には松永久秀が築城中の多聞山城がある。

(京かも知れぬ)

そうも思い、

(河内かも知れぬ)

とも、宗易は思ってみた。おりきの国が、河内と聞いたことがあるからである。河内の国はまた、宗易の母の国でもあった。宗易の母は、河内の平野郷の分限者の娘であった。

だが、おりきがどこにいるとも知れぬままに、半年は過ぎた。その半年の間にこんなことがあった。

あの火事の夜から二カ月経った日であった。宗易は突如、妻のお稲から松永久秀の婚儀を聞いた。茶の湯の席から帰った宗易に、待ちかねたようにお稲は言ったのである。

「旦那さま、松永さまが娶られるにござりますと」

「何!? 松永殿が?」

思わず宗易は声を上げ、持っていた扇子を取り落とすところであった。が、さりげなく扇子をお稲に渡し、

「何処の方を娶られるな」

と、声をおさえた。

「どなたとお思いでございます？」

（おりきか！）

帯を解く宗易の手がとまった。

「旦那さま、驚いてはなりませぬ」

（やはりおりきか！）

再び宗易の胸がとどろいた。が、静かに言った。

「驚きはせぬ」

宗易の解いた帯をお稲は受け取りながら、

「それが……」

と宗易の顔を見上げた。

「それが誰じゃ」

お稲の次の言葉までが、ひどく長く思われた。

その時のことを、宗易は今、鴨川の水を見ながら思い出す。

「父上」

並んで流れを眺めていた与之介が宗易を呼んだ。

「うむ」

宗易は生返事をした。

「父上」

「うむ」

宗易は与之介の声を耳にしながら自分の思いにふけっていた。

あの時、お稲は言った。

「つやを娶られるのでございます」

「つや!?」

一度に緊張が解きほぐれていくのを、宗易は感じた。

「はい。つやでございます、あなた」

「つやとは、誰であったかな」

「まあ！　いやでございます。この間も申しあげたばかりではございませぬか」

お稲は軽く宗易を睨んで、

「兄長慶様の……」

「おお、長慶殿の娘御であった。それはめでたいではないか」

「まあ！　めでたいと旦那さまはお思いでございますか」

お稲はすねたように言った。

「めでたいではないか。それで三好家は磐石と申すもの」

宗易は、久秀がおりきを娶るのではないと知って、心が軽くなった。謡の一節でもうたいたいような心地であった。だが、宮王家に火を放つほどに、おりきへの執着の強かったあの松永久秀が、よくぞおりきを諦めて、こんなにも早く他の女を娶ることになったものと、そのことがかえって無気味でもあった。

「旦那さま」

うしろから着替えの着物を着せかけたお稲の声が改まっていた。

「つやはまだ十七でございます」

「十七？　十七と言えばもはや一人前。嫁ぐに早い齢ではあるまい」

「まあ！　殿方はそのようにしか思わぬものでございますか。旦那さまは少しもつやの身になってくれませぬ」

つやという娘に、宗易は会ったことはない。が、お稲は、二度程阿波に渡って、長慶の家族に親しんでいる。

「つやの身に？」

「だってそうではござりませぬか。松永様は一体お幾つだとお思いでござりまする？」

松永久秀は五十に近い、と気づいて、はじめて宗易は常の心に戻った。

「なるほど、五十男に十七の娘では……」

宗易と三好長慶は、同じ齢で三十八歳である。その長慶の長女つやは、長慶が二十を過ぎたばかりの時に生まれた。

「旦那さま。今日の旦那さまは、いつもの旦那さまとはいささかちがいまする」

「そんなことはない」

「いいえ、稲にはわかっております。旦那さまは、あの宮王家の火事の日以来、心がここにござりませぬ。いつもおかしなお返事ばかり」

不意に激しい口調になって、お稲は宗易を見上げた。

「それは……」

宗易は目を外らして、

「それはそなたの思い過ごしというものじゃ」

「………」

「あの火事は、わしと何の関わりもないことじゃ」

「………」

「妙な邪推はせぬものじゃ、お稲」

ふっくらとしたお稲の肩に手を置いて宗易は言った。かたくなな表情を見せて、宗易の着物をたたんでいたお稲は、きっと顔を上げると、

「邪推？　でござりましょうか」

と冷たく笑った。

「そうじゃ、邪推というものじゃ」

茶の湯で静かになった思いが、掻き乱されたと思いながら、宗易は苦々しく答えた。

「旦那さま、旦那さまはお稲をそんなに愚かな女と思っておられまするか。旦那さま、稲には考える頭はありませぬが、感ずる心はござります」

「………」

「あの火事の夜、雨戸を繰ったあとの、旦那さまの只ならぬご様子、そして若者たちを引きつれて、出て行かれた時の風のような素早さ、あんなことは、今までにないことでござりました」

「………」

「ましてあの夜は風もなく、いつもの旦那さまであれば、駆けつけるまでに火は消え

ていよう、などとのんきなことを仰せになられますのが常」

「あれはお稲、天王寺屋の方角と思っての……」

「天王寺屋様の火事なら、旦那さまはあのようにあわてはなさりませぬ。あんなにたんと物持ちのお家など、焼けても構わぬとお思いではござりませぬか」

「馬鹿を言え。天王寺屋はわしの茶の湯の友じゃ」

「でも旦那さまは、天王寺屋様をお好きではござりませぬ。それはともかく、あの翌日からの、旦那さまのご様子は、はた目にもおかしなことばかり」

口に手を当てて、お稲は乾いた声で笑った。確かに、お稲が笑ったとおり、宗易は、異常な事件に遭ったおりきに心を馳せてばかりいた。松永久秀が、おりきに無理難題を吹きかけはせぬか、おりきの運命がいかになるのか、宗易は気もそぞろであったのだ。あの頃の宗易は、食事をしながら、飯茶碗を差し出して汁のお代わりを言ったり、朝、顔を二度洗って笑われたりしたことさえあった。以来、お稲は今日まで、折あるごとに皮肉を言いつづけてきた。

こうして、今、京都に出て来たのは、茶人としての自分を鍛えなおすためでもあったが、お稲の傍から離れたい気もないではなかったからだ。

鴨川べりの草が、川風に時折影のようにそよぎ、秋日を弾き返す水に、堤を行く人の影がゆらぐ。

「父上」

三度、与之介が呼んだ。

「何じゃ？」

ようやく宗易は与之介をふり返った。

「向こうの土手を行ったのは、吉兵衛と吉兵衛の母様ではなかったかと思います」

与之介の黒い目が宗易を見た。

「何!? 吉兵衛と、その母？」

宗易はもたれていた欄干から、がばと体を離して、

「どこじゃ？」

と身を泳がせた。

「いえ、さきほどのことでござります」

「さきほど？ なぜそれをその時言わぬ」

叱りつける宗易に、

「なれど父上、父上は幾度呼んでも生返事。顔も向けては下さりませんでした」

与之介は口を尖らせた。

「馬鹿な。吉兵衛がいると聞いたら、すぐに顔を上げたものを。して、どの方向に行った？」

「四条のほうに」

「いつ頃じゃ？」

「ほんの少し前」

「行こう。まだ遠くには行くまい」

宗易は大股に歩き出した。与之介は少し怒った顔で宗易について行く。

「確かに吉兵衛だったのだな」

「足を引いていたから、吉兵衛だと思います」

「足を引いている者が吉兵衛とは限らぬが」

言いながら、宗易の足が早くなる。

「して、確かに吉兵衛の母者だったのだな」

「さあ、かつぎを担いでいられたから……」

「それでは誰かわからぬではないか」

宗易はますます足を早めた。足を引いている吉兵衛と、女のおりきの足では、そう遠くには行くまいと思われた。が、界隈をしばらく探して見たがそれらしい姿は見えない。

再び鴨川のほとりに戻って宗易は歩みをゆるめた。与之介が追いついて、

「父上は足が早い」

と感歎した。宗易は何か面映ゆい思いで、草の上に腰をおろした。平生は人一倍落ちついている筈の自分が、一旦おりきのことになると、どうしてこうも若者のように一途になるのであろう。宗易は自分を恥じた。

「いや、吉兵衛母子のその後を案じていたからのう。つい追いかけて見たまでじゃ」

向こう岸に大銀杏が金色に眩ゆく輝いている。その銀杏の見事さに目をとめながら、宗易はふっと疑問に思った。

（なぜ与之介は、吉兵衛を追わなかったのか）

吉兵衛と与之介は、あの後、二、三度将棋に興じている筈だ。吉兵衛には猿楽のつとめがあり、与之介には茶の湯と家業の見習いがある。そのため、思ったほど遊ぶ機会はなかったが、それでも将棋の友ではないか。たとい自分が物思いにふけっていたとしても、自分の肩をゆすって、吉兵衛母子の通りかかったことを知らせてくれてもよい。物思いにふけっている自分を置いて、一人そのあとを追ってもよい。それをなぜ、与之介はしなかったのか。おりきに心を馳せながら、宗易は尋ねた。

「与之介、そちはなぜ、わしにはかまわず吉兵衛を追わなかった?」

「追ってよいものやら、悪いものやら、与之介には判断しかねました故……」

「何? 追ってよいものやら悪いものやら、判断しかねたとな」

与之介もまた、向こう岸の大銀杏の黄葉に目をとめながら、

「はい」

とうなずいた。

「追いかけて悪かろう筈はない」

「…………」

与之介は傍らの草をむしった。

「なぜに悪いと思ったのじゃ?」

「……只、そう思ったまででございます」

与之介の目がかげっているのを宗易は見た。

「なるほど、そちの耳にも、何やかにやと、つまらぬ噂が入っていると見える」

宗易は苦笑した。与之介は答えなかった。

「吉兵衛殿の母者は、わしの女だという風評がある。それをそちも聞いたのであろう」

与之介はかすかにうなずいた。

「それはいつかわかることじゃ」

宗易が呟くように言った。と、与之介が、人より大きな目をかっきりとあけて、

「そのことについては、母上から聞かされております」

と、おとなっぽい口調で答えた。

「何？　お稲から？」

「はい、故あって、実休様のご依頼で、父上はそのような立場に立たされましたとか。松永様のお話も、少しは伺っております」

「なるほど。何もかもそちの耳に入っているわけか」

川底に大きな石でもあるのか、ひと所白く波立っている所が見えた。その傍を、誰が捨てたか、赤い風車が流れて行った。

「はい、いささかは」

「それで、そちは何と思っていたな」

「……母上も父上も、共に、さぞ迷惑なことであろうと思っておりました」

「なるほど、迷惑か」

「しかし父上、武将共になど、堺の商人が負けてはなりませぬ」

ぴりりと与之介の濃い眉が上がった。

「そちの言うとおりじゃ」

「ならば父上。吉兵衛殿の母上を、なぜ早くに堂々と囲いなさらなかったのでござります」

「何!? 何を申す」

「そうではござりませぬか。松永様に偽りを言わずとも、堂々と囲って、お通いなさればよかったものと、与之介は思います」

「そちは、呆れた奴じゃ。まだ子供だと思っていたが」

「父上、先ほどの父上のご様子では、噂も只の噂ではないような気がいたしますが。与之介はそれはそれでよいかと思います」

「お稲に言いつけるぞ、与之介」

宗易は冗談めかして笑った。与之介もちょっと笑ってから、

「父上、しかし、まだ子供の与之介から見ても、あの方はあまりに美しい方でござります」

と、ちょっと顔を赤らめた。宗易は、はっとした。与之介も、女の色香を知る齢だ。が、与之介の言葉を聞かなかったかのように宗易は立ち上がった。その宗易をちらり

と見て、与之介も立ち上がった。

(とにかく、この京の都に、あの母子がいることだけは確かだ)

腹心の者に、おりき母子を探させてもいいと、宗易は思った。そう思うと、心が定まり、気持ちが軽くなった。二人の傍らを絣の着物を短く着た大原女が、頭に荷をのせて過ぎて行った。

ガスパル・ビレラ神父

一

「ほう、これは愛らしい」

一歩部屋に入った宗易は、思わず声を上げた。十二畳のその床の間の前には、おゆうが嫁入りに持って行く化粧道具の一式十二品が並べられてあった。真ん中に唐草蒔絵の鏡台を据え、ぶどうの葉をあしらった同じく蒔絵の耳だらい、元結箱、櫛箱、香箱、折り鏡立て、白粉とき、鉄漿椀、臙脂皿等々、特別にあつらえただけあって、その色合いも艶も見事であった。特に銀の鏡の唐草蒔絵は、宗易の心に叶った。

「ありがとうございます、父上さま」

おゆうは畳に両手をついて深々と頭を下げた。

ひと月後、おゆうは石橋良叱のもとに嫁ぐことに決まった。宗易は嫁入り道具のすべてを、公卿大名にも劣らぬものを調えるようにお稲に命じてあった。経済的には、むろん宗易のほうが、公卿や大名よりも力がある。その力を遠慮なく宗易は示したかった。銀の小鏡には、裏面に秋草模様が刻まれ、銘も記されてあった。

「おゆうは気に入ったか」

宗易はやさしく目を細めて坐った。

「はい、もう……ほんにありがとうございます、父上さま」

おゆうは整った顔を宗易に向けて、うれしそうに再び畳に手をついた。つややかな黒髪がはらりと肩に垂れた。

「欲しいものは、何なりと言うがよい」

宗易の言葉に、お稲が言った。

「旦那さまもお気に召してくださって、うれしゅうございます。まだまだ、たんす、長持ち、そして布団や小袖など、たんと注文してございます」

お稲は浮き浮きと更に言った。

「布団には、縫い取りもたくさんしてもらうことに決めました」

「まるで、わたくし、大名のお姫さまみたい」

おゆうははにかんだ。

「何の何の、堺商人は大名以上じゃ」

ちらりと宗易はお稲を見た。お稲は宗易の言葉に気づいてか否(いな)か、

「あ、そうそう。旦那さま、大名と言えば、兄上様が近く、あの何とか申す異人と、堺に見えられるげにござります」

「何とか言う異人？」

「はい、ほら、ガスパル何とか……」

「おお、ガスパル・ビレラどのか」

宗易も、ガスパル・ビレラの評判は既に聞いている。ガスパル・ビレラ神父(パアデレ)は昨年、京の都に布教に来た。その布教を今年の正月早々に、三好長慶(みよしながよし)が許したのである。

三好長慶はこの一月、将軍家の相伴衆(しょうばんしゅう)となった。相伴衆は幕臣中の最高の格式である。その上、五年越しの多聞山(たもんやま)城の完成を見、長慶の近畿(きんき)一帯における地位は不動のものとなっていた。ガスパル・ビレラ神父(パアデレ)に布教を許したのも、長慶自身が相伴衆と

なった祝賀のひとつであったかも知れない。

それはともかく、長慶のこの許可が、キリシタンの布教に大きな影響を及ぼしたのは否めない。先ず長慶の家臣たちが、何十名となく次々と改宗した。特に、後々までも熱心なキリシタンとして記録に残された者に、結城忠正父子、池田教正、三木半太右、そして三箇の大木殿たちがあった。中でもサンチョ・大木殿には、三千人以上の家臣がいたが、その大半がキリシタンとなり、また、妻ルチヤ、娘モニカは、キリシタンの発展に最も力のある信者となった。

「ええ、そのガスパル・ビレラ神父さまですよ。お出になられたら、みんなでその異人さまのお話を聞きに参りましょう。兄の長慶さまが、みんなに奨めているよい教えなのですから」

お稲は誇らかな表情をかくさなかった。

「母上さま、それはみ仏の教えより、もっとありがたい教えなのでござりましょうか」

おゆうは訝かしげに小首を傾けた。

「多分そうなのでしょう。今までみ仏を信じていた方々が、その教えを捨てるほどですもの。そして教会とかいうものを、あちこちに建てるという騒ぎですもの」

宗易は二人の話を聞きながら、化粧道具をひとつひとつ手に取って見ていた。塗りの厚い道具は、どれひとつ手にしても、快い感触であった。

「でも、母上さま。み仏の教えで、おゆうは何の不足もございません」

思慮深げにおゆうは言う。

「まあ、何を言うのです、おゆう。神父さまのお話も聞かずに」

お稲の声が尖った。お稲には、兄長慶のすることは、すべてよいことであった。近畿一帯の覇者である長慶に対して、批判を持つことなど、お稲には考えられぬことであった。

「では母上さま、伯父上さまもキリシタンになられたのでございますか」

お稲はちょっと言葉に詰まったが、

「それは……むろんそのうちにきっと、御宗旨を変えるにちがいありません」

櫛箱を手にしていた宗易は、その言葉に思わず苦笑した。が、黙っていた。話の中に入っていく気がしないのだ。宗易は、キリシタンなるものに、余り関心を持ってはいない。フランシスコ・ザビエルが日本に来たと聞いたのは、もう今から十年も前になる。が、ザビエルは三年程で日本を去り、その後数人の宣教師が、豊後の国に、また周防の国に来たとは聞いてはいたが、その教えについては、宗易はほとんど何も聞いてはいなかった。只、キリシタンの神は、十字架なるものに打ちつけられて果てたと聞いて、いささか無気味に思っていた程度である。

もっとも、教えそのものについては関心はなかったが、宗易はその宣教師たちの熱心さには関心を持っていた。

（南蛮よりも尚遠い国から、はるばると海を渡って……不思議なことじゃ）

宗易はそう思う。

（言葉もわからぬ国に、自分の国を離れて……何の利益があるというのだろう）

堺商人の宗易はそう思う。何の利益もないことに、人はそうまで熱心になれるものかと、不思議でならないのだ。半年も一年もかかって、命がけで船に乗り、異国にやってくる。そうまでして伝えずにはいられない信仰というものは、宗易には、ともすると奇矯にさえ思われてくる。人づてに聞いた話では、宣教師たちは格別金を持っているわけではない。いや、それどころか、いつも粗末な衣服を身につけ、不自由な生活に耐えているという。食物ひとつにしても、異国とこの大和の国では甚だちがっているにちがいない。

（自分は茶の湯を伝えるために、他国まで出かけることができるであろうか）

ふっと宗易はそう思った。そして、ガスパル・ビレラ神父の話を、一度聞いてみてお稲とおゆうは、キリシタンの教えのことで、何やら話し合っていた。宗易は化粧道具を自分の好きなように並べなおしながら、このような道具を一揃い、おりきのためにも調えてやりたいと思った。

おりきの行方が知れぬまま、既に一年は過ぎた。恐らく三好実休や、今井宗久は、おりきの住居を知っているにちがいない。

(だが、とにかく、京都の都にいることだけは、確かだ)

去年の秋、息子の与之介が、京の三条の橋の近くにおりき母子を見かけている。あれから二、三度、宗易は、京に上って、それとなくおりきの居場所を探ってみた。

(必ず探し出してみせようぞ)

優雅な蒔絵の道具を見ていると、またしても宗易は、おりきに心がとらわれていくのであった。

二

宗易は今、自室の縁に坐禅を組んでいた。与之介も、宗易と同じ姿勢で並んでいる。もう半刻ほど、二人は同じ姿勢をつづけていた。

庭の笹竹の葉が、風に颯々と鳴る。それが他の音を断ち切るかのようで、どこか深山にいる心地にさせた。

時折与之介は目を閉じる。坐禅は、足を組み、手を組んで、背筋を伸ばし、目は半眼にひらかねばならない。その目がともすれば閉ざされるのだ。

（禅とは何であろう）

与之介は思う。とにかく、こうして坐していれば、禅を体得すると父の宗易は言う。ふっと目をあけ、頭をめぐらせて傍らの父の宗易を見るが、宗易は微動だにしない。

「禅とは譲ることじゃ」

宗易はそう言ったことがある。また、

「禅とはのう。静かに坐して自己をみつめることじゃ」

と言ったこともある。何れにしても与之介には、むずかしい境地であった。

「茶人は禅を極めねばならぬ。茶は宗教じゃ。宗教は先ず、己を見るところから始まる」

そうも宗易は言った。

（自己とは何だ）

弥生のうららかな日和の中で、ともすれば眠気が萌す。

（自己をみつめるとは、眠くなることじゃ）

与之介は心の中で、父には聞かせられぬ言葉を吐く。

このひと月ほど、父は俄かに、毎日のように与之介にも坐禅を組ませるようになった。それが何の故か、与之介にはわからない。

（父上は、どのように自己をみつめていられるのだろう）

与之介は思う。与之介にとって、宗易は尊敬できる父親である。特に茶の湯の精進のきびしさは、年少の与之介の胸をしばしば打った。朝早く庭を掃き、茶室を拭き清め、露地に水を打つ。一日たりとも、宗易がそのことを怠ったことはない。そして必ず、茶を点てる。時には、幾度も納得のいくまで点前をくり返す。

「師匠から習ったことを、只そのままなせばよいのではない。器にせよ、飾りにせよ、己々の創意と工夫が必要なのじゃ」

与之介を相手に稽古をしながら、宗易はよくそう教えた。

「茶は心で点てるものじゃ」

そうも教えた。その尊敬する父の自己とはどのようなものか。与之介は知りたいと思う。毎日坐禅を組まされることは、与之介は苦痛なのだ。

与之介はまた他のことを思う。

（この間のガスパル・ビレラ神父は、おもしろいお方じゃ）

三好長慶がガスパル・ビレラを堺につれてくるという噂は、真実であった。天王寺屋津田宗及の百畳敷きの部屋で、神父は集まって来た者たちに話をした。

母のお稲に急かされて、与之介も、姉のおゆうや、妹たちと、宗及の家に出かけて行った。話はどうであっても、滅多に見られぬ異人を見ることは、物珍しかったからである。

通辞がつき、ガスパル・ビレラは、みんなの前に立って、ニコニコと話しはじめた。はじめの、「皆さん」という言葉だけは日本語であったが、あとは異国の言葉であった。与之介は、黒く裾長い異人の着物が珍しかった。

（異人は帯をしめぬものか）

異人の着物には、袂がない。それは、中国や朝鮮の服ともちがっていた。通辞が神父の話を伝えた。

「皆さん、私は今日、私をここに遣わして下さった神さまのことについて語りましょう」

通辞は、賢そうな顔をした若い男であった。

彼はひとことひとこと、言葉を選び、考え考え、話を伝えた。が、与之介は神父の顔を見ていた。神父（パアデレ）はよく笑った。髪の毛が赤いこと、そして縮れていること、目の色が青いこと、それらは見ても見ても見飽きぬほど、与之介には珍しかった。

　堺の町には、多くの異国船が入ったが、まだ永禄（えいろく）三年のその当時、西欧人は入っていなかった。与之介はガスパル・ビレラ神父（パアデレ）の顔を見ながら、この神父（パアデレ）を産んだ母親は、どんな顔をし、その国の娘たちはどんな顔をしているのかと想像してみた。やはり同じように髪が縮れ、赤いのであろうか。黒髪以外の女の髪を、与之介には何としても想像できないのだ。

（赤い毛、縮れた髪、それはどんなにみにくいことか）

　そんなことを、与之介は飽かずに思っていた。

　話はいつしか終わりに近づいていた。

「イエズスさまを信じなさい。イエズスさまは、あなたがたの罪を、全部その身に負って、十字架にかかられたのです。それを信ずるなら、あなたがたは、地獄に行かないですむのです。どんな罪もみんな許されるのです」

　通辞が言うと、人々はしきりにうなずいて聞いた。だが与之介には、何の興味もひかぬ言葉であった。母のお稲もうなずいて聞いていた。いや、おゆうさえも、同じように深くうなずいて聞いていたのだ。

(あの時、父上は話を聞きに行かなかった)

なぜだろうと、与之介は坐禅を組みながら思う。確かその前日までは、聞きに行くと与之介にも語っていた。

(多分、母上が余りにしつこく誘ったからであろう)

与之介はそう思った。幼い時から与之介は、母を嫌いではなかったが、どこかが与之介の心にそわなかった。それはやはり、三好家を余りにも誇示するということであったかも知れない。だが、それだけではなかった。母の言うことは、時折与之介を困惑させたからだ。

「与之介、お父上さまのようになってほしいとは、母は決してねがいませぬ」

幾度かそう聞かされて与之介は育って来た。だが与之介は、父のようでありたいと、年を追う毎に、切に思うようになった。父が他に女を囲っていることも、おりきに心を寄せていることも、与之介は母の口から聞いていた。そして、少なくともおりきに父の心が傾いていることを、昨年の秋、与之介は京の都で、自分の目で確かめた。

(あの方は美しい)

おりきの姿を思い浮かべると、与之介の胸も熱くなるようであった。おりきを想う父の気持ちが、与之介にはよくわかった。男と生まれて、あの女性に心を惹かれぬ者がある筈がないと思った。

（その後父上は、あの方の居所を突きとめたのであろうか）

そう思った時、

「与之介、今日はこれで終わりにしよう」

という宗易の静かな声がした。与之介ははっとして目をあけた。半眼にしていた筈の目を、与之介はいつの間にか、またすっかりつむっていたのである。その与之介を見て、宗易は、

「よい、よい」

と、笑って言った。与之介は首筋をなで、

「父上、与之介には、坐禅は苦手でございます」

と正直に言った。

「坐禅は苦手……とそう言えたお前は、それでよいのじゃ」

「？」

「それが自己を見るということよ」

宗易は坐禅の姿勢を崩した。

「父上、父上は、どんなことを考えておられました？」

与之介は黄色いれんぎょうの花に目を注めて、思い切って尋ねた。

「与之介、それそれ、それがつまり、自分を見ずに、他人を見るということじゃ。さてはそなた、己がことより、この父の胸のうちを、あれこれと憶測していたのじゃな」

再び与之介は首をなでた。

「ま、そんなものじゃ。人間という者はな。このわしにしても、同じことよ。自己を見極めるということなどは、これは万に一人も、いや、億に一人もできまいて」

思いがけない宗易の言葉であった。与之介は驚いて宗易を見た。与之介には、父の坐禅は、全く無我の境にあるかのように見えていたのだ。

「与之介、人間なかなか己を正しく見ることは出来ぬものじゃ。自分という者が、どうしても自分にとっては大きく見える。特にわしなどは、自分がひとかどの者に思えてならぬ」

「しかし父上は、事実ひとかどのお方ではありませぬか」

「なに、ひとかどと言っても、たかが知れたものじゃ。茶の湯ひとつにしてもじゃ、その極めるべき道から見ればのう。わしなどはまだ、その入り口にも立ってはおらぬ。迷いも汚れも多い者よ。それが少しわかって来た」

「…………」

「が、与之介、わかったと思った瞬間、そのことがまた己を更にひとかどの者に思わせての。結局は自分の至らぬことさえ見ることができぬ」

与之介は、父の言うことがわかるようでわからなかった。

見馴れぬ小鳥が飛んで来て、庭石にとまった。そして、小首をかしげ、すぐにれんぎょうの枝に移った。と思うと、す早く飛び立った。れんぎょうの枝が静かにゆれた。

「あの小鳥も、なかなか無心になれぬようじゃ。絶えず怯えてばかりいる。あれも人間の姿のようじゃな」

「そうでございましょうか」

与之介が答えると、

「与之介、今少しくおもしろい話をして聞かせようか」

「はい。どんな話でございましょう」

「昔、支那の国に、二人の僧がいたそうじゃ」

与之介がうなずく。

「その二人の僧が、道を歩いていた。風にはためく幡を見たのじゃ」

「して？」

「するとのう、一人の僧が言った。動いているのは風だ。ところが他の僧が、ちがうと言った。動いているのは幡だと言った。こうして、二人は喧嘩になった。『風が動いているのだ』『いや、幡が動いているのだ』とな。そなたならどう思う？」

宗易は微笑を浮かべた。

「風も幡も、共に動いていると思います」

「なるほどそれも理屈じゃの。とにかく二人は、そう言って争っていた。するとそこに、二人の師がやって来た。そして何と言ったと思う？」

「さあ、わかりませぬ」

「その師は二人にこう言ったのじゃ。動いているのは、風でもなければ幡でもない。二人の心が動いているのだ、とな。わかるか、与之介」

与之介は首を傾けた。

「わかるような、わからぬような」

「なるほど、わかるような、わからぬようなか。しかし、おもしろい話であろう」

「さあ、おもしろいような、おもしろくないような……」

言って与之介は、自分から笑い出した。宗易も笑ったが、

「有名な話じゃ、覚えておけ。よいか。〈六祖因に風刹幡をひるがへす。二僧あり、

対論す。一は言ふ、風動く。往復未だ曾て理に契はず。祖言ふ、これ風動くにあらず、幡動くにあらず、仁者の心動くと。〉どうだ、わかったか」

与之介はうなずき、

「二僧あり、対論す。一は言ふ、幡動く。一は言ふ、風動く……」

と、口の中で呟いた。そして思った。自分の知らぬ世界がこの世にはまだまだあるのを与之介は思った。それは、目に見える世界ではなく、心の奥深い世界であった。禅者とは、このようなことを考えて生きているのであろうか。そして茶の湯を修業することは、このような心の世界をも極めなければならないのであろうか。むずかしいことだと与之介は思った。茶の湯がむずかしいと思ったことは、今まで幾度もある。だが、今日思ったようなむずかしさは、また別のことであった。そしてそれは与之介の進歩でもあった。

三

長女おゆうが嫁いでから、幾日も経たぬ五月の午下がりであった。突如、今井宗久が宗易を訪ねて来た。宗久は、通された書院を見まわしながら、ゆったりと畳の上に坐った。宗易も宗久も共に堺商人である。且つ茶の湯の道に励む忙しい体である。

用もなくお互いを訪ねるということは、滅多にない。茶の湯か何かで、顔を合わせることのほうが多い。

「珍しいのう」

雨が庭木の葉を叩(たた)いていた。

「うむ」

宗久は正坐(せいざ)のまま、じっと宗易(そうえき)を見た。

「何か火急の用事でもござったか？」

「いや、火急というほどでもないが、急におぬしの顔を見たくなった」

宗久は笑った。宗易も笑った。笑って、

「用なき友ほどありがたいものはないが……どうやらそうとは思われぬ」

「さすがは魚屋(ととや)どのじゃ」

その豊かな自分の耳たぶを、宗久はぐいと引き、声を上げて笑った。自分の耳たぶを引っ張るのが、宗久の癖である。

「さすがも何も、忙しいおぬしが、用もなくやってくるとは、考えられぬ」

「なるほど道理じゃ。おぬしに対しては、去年から心にかかってならぬことがあってのう」

「心にかかる？」

「おりきどののことよ」

言った時、襖があいてお稲が菓子を運んで来た。

「ようこそお越し下さりました」

お稲はにっこりと笑って、愛想よく菓子をすすめた。茶受けの干しなつめである。

「いつ見ても、お若いのう」

お稲を見て、如才なく宗久は世辞を言った。

「ま、おたわむれを」

うれしそうに手の甲を口に当て、一礼してお稲は去った。

「危ないところじゃった」

宗久はにやりとした。が、宗易は、

「おりきどのが、どうかなされたか」

と、体をのり出した。

「いや、別に変わりはない。だがおりきどのの居所を隠したままにしておいたからのう。それが気にかかっていたのじゃ」

「それにはそれだけの理由があってのことであろう。何せ、松永殿は今や、三好殿を凌ぐ勢いじゃからのう」

宗易にも、今井宗久の立場はわかっていた。多聞山城が出来て以来、三好長慶は松永久秀にすべてを委せて、飯盛城に引きこもった。そして、連歌師谷宗養について、その道に遊びはじめた。この宗養と長慶の両吟「飯盛城道明寺法楽百韻」は、後世に残る作となった。本来長慶は、武人であるより、風流の道を好む人物であったのかも知れない。それはともかく、長慶は松永久秀に心を許して、久秀に急激に勢いを与えた結果になった。

「それじゃて。堺の町は、言ってみれば、時の為政者と手をつないで生きて来たようなものじゃ。胸のうちはともかくな」

ちかりと宗久の目が光った。確かに宗久の言うとおりである。いかに武家の権力を嫌ってはいても、戦による需要によって、堺の町は富んで来た。長慶の盛んなる時は長慶と手を結び、松永久秀が盛んになれば、その求めに応じて武器をつくらねばならない。そしてまた、その後誰かが覇者になる時、その意を迎えねばならぬのが、堺の町の運命であった。胸のうちに、いまいましさが火を噴いてはいても、堺が生きるということは、そういうことであった。

「そこでだ。おぬしに頼みたいことは……」

「いかなることじゃ」

「うむ。実はの、松永殿が明日、わしの家に来る。これは商売の話じゃ。が、その時、おぬしにも会いたいとの伝言なのじゃ」

宗久は眉間に太いしわを見せて、宗易の顔をうかがった。と、お稲が茶を持って再び入って来た。

「粗茶にござります」

お稲はさすがに作法は心得ている。その挙止に粗相はなかった。

「これは忝けない」

宗久は茶碗を手に持ち、一礼して茶を喫した。その茶碗を持って、お稲はまた静かに去って行った。

「松永殿が、わしに、会いたいと？」

「うむ。そう言われるのじゃ。おぬし、会ってみるか」

「何の用であろう」

「わからぬ、わしにも。只、魚屋殿のお点前で茶を頂きたい、との伝言であった」

「茶を？」

「そうじゃ。わしはまあ思うに、あの宮王家の火つけの一件を、松永殿もさすがに心に咎(とが)めているのではないかと思ってな」

外の雨の音が、少し静かになった。部屋の中が少し明るくなったようであった。

「あの松永殿がか」

宗易は疑わしげに言った。松永久秀が、自分のほうから宗易に会おうと言うのには、もっと他に魂胆があるような気がした。

「松永殿も、少しは苦労をしている。今、日の出の勢いだからといって、油断のならぬ時代じゃ。何でも、尾張(おわり)には織田(おだ)信長という一筋縄(ひとすじなわ)ではいかぬ男が、勢いを得つつある」

「おう、織田信長のう」

信長の勇名は、この一、二年前から、宗易も聞いていた。

「何でも、桶狭間(おけはざま)で今川義元(よしもと)を破ったそうな」

武具商今井宗久の耳はさすがに早い。

「ほほう、今川義元をな」

「それに、駿府(すんぷ)には松平元康(まつだいらもとやす)（徳川家康）が台頭している。武田(たけだ)・上杉(うえすぎ)の両将も侮(あなど)り難(がた)い」

宗久は、指をひとつひとつ折りながら数えあげていく。

「おぬしにへそを曲げられては、松永殿にしても、堺商人の一致した協力が得られぬようで、不安なのかも知れぬぞ」

「まさか」

宗易は苦笑した。

「とにかく、おぬしどうする」

「会いたくはない」

「会いたくはないか」

「留守にしているとでも言ってもらおうか」

「それは通らぬ。松永の配下は、堺にたんといるからのう」

「では、会いたくないと申していたと、伝えてもらおうか」

宗易はまじめな顔をした。

「おぬし、本気か」

宗久は宗易の顔をのぞきこむようにした。

「本気だ、と言いたいところだが、忙しい中を、わざわざ訪ねて来られたおぬしの身になってみれば、そうもいくまい」

「おう、会ってくれるか」

「敵にうしろを見せたくはないからのう。どんな話になるにせよ、わしは会ってみようと思う」

不和というほどではないにせよ、あのままの形では、松永久秀と自分との間に、溝(みぞ)が深まるばかりであろう。この辺で会っておくのも得策かも知れぬと、宗易は商人らしく胸算用をした。向こうから会いたいと言ってきたことが、宗易の気持ちを和らげたからでもある。

「そうか、会ってくれるか。茶室はわしの茶室を使いたいと言って来た。それでもよいかの」

「おぬしさえよければ」

「わしが一服、おぬしが一服点(た)てることにしよう」

「なるほど、それが妙案かも知れぬ」

「ところでじゃ、魚屋殿。話はおりきどののことに戻(もど)るがの」

「うむ」

宗易は庭の飛び石に目を向けた。雨足が一段と細くなって、飛び石が光っていた。

「わしは、実休殿に頼まれてのう。おりき母子(おやこ)の命を危ぶんでのう。さる所に匿(かくま)ったのじゃ」

「なるほど。それで」

「おぬしにその所を知らせなかったのは、知らせれば必ずおぬしが訪ねる。となると、すぐに松永の手の者が、おぬしの後をつける。そう危ぶんでのう」

「大した深謀遠慮じゃの」

「だが、おぬしと松永殿の間が元に戻れば、その住居も、そろそろ明かしてもよいのではないかと思っての」

「京にいる筈じゃのう」

宗易はそう言って、かすかに笑った。

「何じゃ、おぬし知っていたのか」

驚く宗久に、宗易は否とも応とも言わなかった。

名物狩り

一

元亀元年八月。

暑いひる下がりである。

「山上宗二様がお見えでございます」

煎じ薬をお稲の枕べにおいて、女中の鹿乃が言った。淋しい顔立ちだが、顔に似合わぬ明るい声である。

「山上宗二様？」

お稲の眉根が大仰によせられた。お稲は山上宗二に初めて会った時から、好きではなかった。宗二は、夫宗易の弟子である。堺の山の上に居を構えた商人の息子で、口をいつもへの字に曲げ、無愛想な男であった。たまに笑うことがあっても、人を見下したような笑いであったり、苦々しげな笑いであったりする。その、歯にきぬを着せぬもののいいようは、度々茶人たちを怒らせるとも聞いていた。

（あの男の、どこが気に入って、第一の弟子にしているのやら）

お稲は時折そう胸の中で呟く。が、宗易は、

「おもしろい男じゃ。腹の中のきれいな男よ」

と、ほめこそすれ、宗二をけなしたことはない。

その山上宗二が、今、宗易を訪ねて来たという。もとよりお稲と顔を合わす筈もないのだが、宗二がこの屋根の下にいると思うだけで、お稲は気が重くなる。

「下がってよろしい」

「はい、お夕食はいかがしたらよろしゅうございますか」

「そなたに委せます。暑い時は、さっぱりとしたもののほうがよろしい」

布団の上に坐っていたお稲は、寝乱れた髪をかき上げて、枕もとの煎じ薬に手を伸ばした。煎じ薬の、仄かに甘い香りが漂った。

お稲は、兄三好長慶が死んだ永禄七年の七月、気鬱で床についた。それ以来今日まで、暑い夏が来ると、決まって気鬱の病が昂ずるのである。長慶の死を聞いたその日も、今日のように暑い夏の日であった。暑さは、三好家の没落を、いやでもお稲に連想させるのである。

「有為転変は世の慣いじゃ」

夫の宗易は、長慶が死んだと聞いた時、淡々として言った。それは、お稲を慰めるつもりであったかも知れない。が、お稲には、路傍の人の冷ややかな言葉に聞こえた。煎じ薬の茶碗は手に熱かった。お稲はその茶碗を再び枕もとの盆におき、足を少しくずした。

(長慶様が亡ぶなどとは……)

既に七年も前に死んだ長慶を、お稲は昨日のことのように思い返す。

(結局は、あの松永久秀奴が……何という非道な逆臣であろう)

お稲は、松永久秀の、人形のように整った血の気のうすい顔を瞼に浮かべて唇を噛んだ。

(恩知らずめが)

膝においたお稲の手がこまかくふるえる。いつもこうなのだ。久秀のことを思うと、気鬱の病は、お稲の手をふるえるほどに怒らせる。

お稲にとって、畿内を平定した長慶が、己が兄であるということは、大きな誇りであり、生き甲斐でもあった。長慶の妹であるということで、お稲は夫の宗易に対しても、終始優越を感じていた。

永禄三年、長慶は幕臣中でも最高の格式といわれる将軍家の相伴衆となった。更に翌年には、その子義長と、松永久秀を推挙して相伴衆とさせた。しかしそれは、久秀の増長を助けただけであった。長慶は久秀を信じていた。久秀にすべてを委せて、長慶は飯盛城に引きこもり、連歌師を相手に歌の道にいそしみ、茶の湯に遊んだ。長慶は戦いに倦んだのである。長慶としては、畿内の政治を久秀に委せはしたが、実権は自分が握っているつもりであった。が、いつの間にか実権は久秀のものとなり、堺の町人たちも長慶より久秀を重んずるようになっていったのである。

果たして久秀はその牙を、主家三好一族に向けはじめた。永禄六年先ず長慶の子義興が毒殺された。つづいて七年、久秀は長慶の片腕である実弟の安宅冬康を長慶にざん言した。安宅冬康は、淡路、讃岐を治め、常に阿波の実休と共に長慶を助けてきた。豪放なその性格は長慶に勝ると、時折人のささやくところであった。その冬康が長慶の座を狙っていると、久秀はざん言したのである。長慶は弟の冬康よりも久秀の実力を買っていた。長年三好家に仕えている久秀の活躍ぶりを、長慶は自分への忠勤との み受けとっていた。長慶は、松永久秀のざん言にのせられ、弟冬康を河内飯盛城に誘い出し、そこで殺した。

長慶は冬康の死後、急激に無気力となった。冬康がざん言によって死んだことを悟ったからである。長慶は心痛の中に、同じく永禄七年七月、あっけなくその四十二歳の生涯を閉じた。しかも、松永久秀の悪業はこれにとどまらなかった。自分を相伴衆に取り立ててくれた将軍義輝をも謀殺したのである。

三好家にはまだ、三好三人衆と呼ばれる三人の武将がいた。三好長縁、三好政康、そして岩成友通である。彼らは、この久秀のあり方に抵抗して立ち上がった。その時、久秀の臣筒井順慶も久秀を離れた。三人衆は東大寺に陣を構えていたが、その東大寺の大仏殿に、松永久秀は火を放って世間を驚かせた。後の世までも久秀の三悪として喧伝されたのは、三好家への反逆、将軍謀殺、そしてこの大仏殿放火であった。

（長慶様が死ぬなどとは……）

再びお稲は胸の中で呟いた。お稲にとって、長慶の死は何としても承服し難い死なのである。今まで咲いていた椿の花が、ぽとりと落ちるように、長慶は実にあっけなく死んだ。冬康の死が、それほどに長慶の心を痛めたのであった。

（何もかも、松永奴の仕業）

お稲の目が据わる。もし、自分の生き霊が久秀の身に取りつくことが出来るものなら、取りついてやりたい。憎しみが炎のように、お稲の胸を焦がす。だが、思うだけで、お稲は何もできなかった。気鬱が重くなると、立って歩くのも困難なお稲であった。

お稲は再び煎じ薬の茶碗を手に持った。茶碗は既に冷めていた。お稲は薬を飲んだ。生ぬるい、そして少し甘味のある薬が、のどを通った。この薬に親しんで、お稲は既に久しい。

暑い午さがりだ。空気が湯気のように体にまつわりつく。

（あの久秀が死んだなら、わたしはいつ死んでもかまわぬ）

お稲は心の中に、久秀を呪いつづける。そしてその呪いは、同時におりきにも向けられていた。いや、おりきだけではない。夫宗易にも、許し難い思いがあった。

「そもそもの始まりは、あのおりきにある」

お稲は首筋に流れる汗を拭おうともせず、低い声で呟いた。

松永久秀が宮王家に放火した噂は、お稲も聞いていた。おりきが久秀の意のままにならぬため、久秀が怒って放火したという。しかも、その久秀の相談を受けたのは宗易であった。宗易は久秀の申し出をきっぱりとはねつけ、それが久秀の三好家に恨みを抱くきっかけとなった。そうお稲は推量する。

お稲は、おりきを高慢な女だと思う。おりきが素直に実休のいうままに、その寵を受けていたならば、久秀はああまでおりきに執心しなかったにちがいない。実休は久秀を恐れ、堺商人である宗易の女であるとの噂を流した。堺商人には、久秀もうかつには手が出せぬと計算したからである。しかしやがて、宗易とおりきの噂は、実休から流れたことを久秀は知った。その以前に久秀は、長慶の娘を娶っていた。そしてその夫婦仲も、当然ながらしっくりとはいかなかった。五十近い久秀に、十七歳の花嫁は、あまりに幼過ぎた。

久秀は再び、おりきに執着しはじめた。久秀は執念深い男であった。が、おりき母子の行方は、杳として知れなかった。今に至るまで、おりきの行方は知れない。しかし、お稲は、宗易だけはおりきの行方を知っていると信じていた。

「久秀を怒らせたのは、宗易どの」

最初から、宗易は三好家を尊重していなかったと、お稲は思う。実休が勝手に膳立てをしたことなどは、お稲の記憶に残らず、宗易が久秀の申しこみを断ったことだけが、鮮やかに頭に残っている。宮王家の火事の夜の、宗易の狼狽ぶりが胸に焼きついている。あの後、今井宗久の仲立ちで、久秀と宗易が和解していることも、記憶に残っていない。記憶に残っていればいたで、久秀と和解した宗易を、お稲は決して許さないであろう。

「久秀よ亡べ。久秀よ亡べ。久秀よ亡べ」

お稲の口がかすかに動く。同じ言葉が呪文のように口から洩れる。

「久秀よ亡べ。久秀よ亡べ」

一旦この言葉が口から出ると、お稲はそれをとどめることができないのだ。こんな日は、お稲の食欲は全く失われる。いや、失われるというより、食事が恐怖にさえつながる。

「誰ぞ、この汁に毒を入れた者がないか。この飯に毒をふりかけた者はいないか」

お稲はいよいよ目を据わらせ、光らせて、女中の鹿乃を困惑させるのだった。

「久秀よ亡べ。久秀よ亡べ」

言いながら、面影に浮かぶのは長慶の面である。そう幾度も会ったことのない長慶を、お稲は狂おしいほど、恋しく思うのだ。が、それは、近畿の覇者長慶の、その妹としての座を誇る心の変型でもあった。

お稲に呪われているその松永久秀も、今は織田信長の配下にあった。三年前の九月、突如信長は、堺の町に二万貫という矢銭を課して来た。

「堺は、大富裕の商家共集まりいたる所なれば」

というのが、その信長の言い分であった。だが、堺の町民は、「信長何者ぞ」と、この要求を承服しなかった。

今でもその時のことを、お稲は覚えている。商家がふだん養っている浪人共を中心に、更に多くの浪人を集めて、濠を深くし、櫓を築き、町の出入り口の橋には鉄の菱をまいた。信長は濠の向こうに対峙し、無言のうちに堺の町を威圧した。堺の者たちは、長年の慣習で、三好家の武力に信頼していた。既に長慶亡しとはいえ、三好三人衆の力を買っていたのである。

しかし、その頼みにしていた三好三人衆も、翌年正月、京都で乱を起こし、信長に見事に敗退したのである。信長はその足で、堺の攻撃を宣告した。堺には、も早頼むべき武将はいない。堺の女子供は、家財道具と共に、大坂や平野に列をなして避難した。

こうして堺は、長年の侵されざる町から、降伏した町へと変わらざるを得なかった。信長は、三好三人衆とは比較にならぬ猛将であった。降伏の条件として、

一、三好三人衆に加担せざること。

一、堺は以降、浪人を抱えざること。

一、先に要求した二万貫を上納すること。

この三点が持ち出された。飽くまで抗戦を唱える者も少なくはなかったが、津田宗及と今井宗久が和平論をとなえた。堺の最も富める天王寺屋の一族津田宗及に、剛腹

をもってなる今井宗久も同調した。しかも、お稲にとって許し難いことに、夫宗易がその相談に与(あずか)り、三好家に加担せぬ条件に同意したのである。

永禄十二年二月、即(すなわ)ち三好三人衆が敗退した翌月、津田宗及は信長の使者百余名をその自宅に招いて歓待した。盛んな宴であった。その話を聞いた時、口惜(くや)しさにお稲は泣いた。泣きあかした。なぜなら、一年前の同じ二月、津田宗及は三好三人衆ら百五十名を招いて、同じく宴を張ったことがあったからである。

「口惜しいではございませぬか。薄情ではございませぬか」

お稲は泣いて宗易に訴えたが、宗易は、

「いたしかたがない。堺の町は、権力者を金で操って生きるのじゃ。それしか堺の生きのびる道はない」

と、こともなげに言った。

（一体、三好家の没落を、何と見ておられるのか）

長慶の妹である自分の心の中を、夫は何と思っているのかと、お稲は問いつめたい思いであった。誰もが信長に進んで服従した。特に今井宗久は、初めに信長より矢銭の催促を受けた時、武野紹鷗(たけのじょうおう)より受けついだ名器松島の茶壺(ちゃつぼ)と、同じく茶壺紹鷗茄子(なす)とを、ひそかに信長に献上していた。いかにも機を見るに敏な宗久らしい動きであった。しかも長慶の御用商であった宗久は、今や信長の政商となって繁昌しているのである。

この今井宗久にならって、多くの者たちが、進んで信長に茶器を献上した。その第一が松永久秀であった。久秀は滅多には人目にふれさせぬほどに愛蔵していた茶入れ九十九髪(つくもがみ)を献げ(ささげ)た。

これらの献上品に味をしめた信長は、世に有名な「名物狩り」を始めた。

「金銀米銭御不足これなき間、この上は唐物(からもの)天下の名物召し置かるるべきの由御諚候」

との書状が各地に送られ、京都、大坂、堺の者たちから、名物を召し上げたのである。

この時再び、松永久秀は「遠寺晩鐘」の絵を信長に献じている。主家を倒した久秀にしても、信長の敵ではなかったのである。そのことを思うと、お稲の口もとには皮肉な笑いが浮かぶのだった。

(ざまを見るがいい)

だが、久秀は、名器平蜘蛛(ひらぐも)の茶釜(ちゃがま)だけは献上しなかった。かつて、宗易に向かって、

「おりきと平蜘蛛の釜とを替えてもよい」

と言った松永久秀を知っているのは、宗易だけである。むろんお稲もそれは知らない。只、お稲は夫宗易がこう呟いていたのを聞いたことがある。

「久秀殿は、見せかけの随順じゃな」

その時お稲は久秀を罵って言った。

「久秀は、尾張殿の前に、這いつくばっております。あの腰ぬけ奴が」

その腰ぬけに三好家を亡ぼされたと思うと、お稲はまたしても口惜しい思いになるのであった。お稲は今、庭の池に目をやった。庭の鯉のはねる音がしたからである。目は池に注がれたが、口からは、

「久秀亡べ、久秀亡べ」

の呪いの言葉は絶えなかった。

二

お稲が、

「久秀亡べ、久秀亡べ」

と呪っていたその時、宗易の部屋に、弟子の山上宗二が激しいまなざしを宗易に向けていた。

「まさか、お師匠様は……」

「うむ」

宗易は静かに山上宗二の顔をみつめ返した。

(この男は、いつも火のように生きている男じゃ)

宗易は心の中で感歎していた。元亀元年のこの四月、宗易は信長の前に召し出されて、茶を点てた。信長はらんらんと光る目で、その一挙手一投足をみつめていたが、宗易の点て終わるのを見て、

「そちは妙な男じゃのう」

と、うなった。

「は?」

宗易は訝しげに信長を見た。

「そちは妙な男じゃと申すのじゃ。わしは今まで、さまざまな男に会った。将軍にも会った。が、あれは腑ぬけじゃった。道三にも会った」

信長は懐かしむようなまなざしをした。斎藤道三は、信長の妻の父である。

「あれは凄い男じゃった。わしが威圧を感じたのはあの男だけである。だが……」

と、信長は挑むように宗易を見、

「そちが町人であるとは、わしには信じられぬ」

信長はすべての者に興味を抱く男であった。何に対しても、関心をむき出しにした。

宗易は静かに答えた。

「わたくし奴は、一介の商人でござりまする」

「一介の？　ちがう！」

信長は鋭く遮り、

「そちは、一介の商人などではない。そうじゃ。そちから受ける感じは、名刀を見た時に受ける感じに似ている」

「名刀？　でござりまするか」

「うむ、まさしく名刀じゃ。そちの中には、すっぱりと人間を斬り裂くものがある。それは一体何じゃ」

「さあ……」

宗易は苦笑した。

「それ、その笑い顔よ。何か深い淵を見るような、引きずりこまれるような……妙な男じゃ」

信長は再びうなった。そしてまた言った。

「そなたは、わしの茶頭にならぬか」

「茶頭でございまするか」

宗易の声はあくまで静かであった。と、次の瞬間、信長は大きく手を横にふった。

「よい！　返事は不要じゃ。そちが応と言っても、否と言っても、今のわしには、そちは目ざわりじゃ」

信長は重荷と言いたいところを、目ざわりと言って逃げた。

その噂が、誰言うともなく、人から人に伝わり、今日、山上宗二の耳にも入ったのである。が、その噂はかなり曲げられていた。信長が近く宗易を茶頭に召し出すという噂に変わっていた。更に宗二は、宗易がまもなく尾張に上るのではないかと聞いて、駆けつけて来たのである。

「山上、おぬしは、わしが茶頭になると思ってか」

「では、お師匠様はお断りなされましたか」

宗二が身を乗り出す。

「いや、断る前に、信長殿が話を引っこめたわ」

宗易は珍しく声を上げて笑った。

「それはまた、なぜでございます？」

「さてのう。英雄豪傑という者は、心の変わる者じゃて」

宗易は、信長が自分を名刀に見立てたと告げる気はしない。それは自分の口から言うべきことではない。それに、宗易自身、信長にあのような評価を受けたことに、深い反省を持っていた。茶は「和敬清寂」でなければならぬ。茶は「宗教」でなければならぬ。宗易の宗教は禅であった。禅は譲ることであり、無になることでなければならぬと、宗易は思っていた。だが信長は、宗易の点前を見て、名刀で斬りつけられたような畏怖を感じたのである。

(茶は、そのようなものであってはならぬ)

茶は、心を解きほぐすものでなければならぬ。茶の湯とは言え、それは即ち、茶を一碗喫することに過ぎない。その茶に、殺気があった。人を恐れさせるものがあった。それは恥ずべきことであると、宗易は思ったのである。

「妙な男じゃ」

幾度か繰り返した信長の声が、宗易の耳の中にある。

(未熟じゃ)

宗易は己を歎じた。が、一方、おさえきれぬ自負もあった。不世出の男と喧伝される信長に、と、畏怖させたことに、拭っても拭っても拭い切れない自負を感じてもいた。将棋に「王飛接近すべからず」という諺がある。味方同士とは言え、飛車の如き大駒を不用意に王の傍においては、何かと戦いに支障を来たすと言われている。その言葉を今、宗易は思ったのだ。

「そちは目ざわりじゃ」

信長が言ったのは、生来武将として生まれた信長の、本能的な感覚によるものであったかも知れない。

「ではお師匠様、信長殿にはお仕えにはなりませぬな」

ようやく山上宗二の顔に、安堵のいろが浮かんだ。と同時に、俄かに暑さに気づいたかのように、宗二は扇子を忙しく動かし始めた。

「今井宗久の所には、茶頭の話が来ているそうじゃ」

ぽつりと宗易は言い、宗二の顔をうかがうように見た。果たして宗二の眉がぴりりと上がった。宗二は、正直に心を顔に現す男である。茶の湯には熱心だが、それが宗二の茶を小さくしている。また一方、それが宗二の茶を澄んだものともさせている。この宗二にはお座なりがない。ひとつひとつが、一語一語が、真実で且つ真剣なのである。

「それで、宗久殿は？」

「お受けするであろうな」

宗二は思わず舌打ちをした。

「お師匠様、だからわしは、宗久殿が嫌いだ。あの方はあまりにも目先が利きすぎる」

「言うな山上。宗久殿はわしの親しい友じゃ」

確かに宗久と宗易は親しかった。親しくはあるが、今一つ腹の底のわからぬ所が宗久にはあった。だが、それが人間だと宗易は割り切っていた。

（底が深ければ、その底までは見通せぬものじゃ）

宗易はそう思っている。

「お師匠様と親しいとは言え……」

使っていた扇子を、ぱちりと音を立てて閉め、

「茶の湯で大名如きの機嫌をうかがうとは」

「いたしかたがないものよ、山上」

「いたしかたがございませぬか、お師匠様」

「共に生きるということじゃからのう。大名に茶の湯を教えてやると思えばいいではないか」

「………」

「宗久殿は、三千石で召し抱えられるという話じゃ」

「三千石？　それはまた、町人には高額ではございませぬか」

「それだけの礼を持って、向こうも迎えるというのじゃ」

「しかしわしは、賛成はいたしませぬ。茶の湯を身過ぎ世過ぎにしようとは」

唇をふるわす山上宗二に、宗易は微笑して、

「何、たかが三千石。宗久殿にとって身過ぎ世過ぎになるほどの額でもあるまい。宗久殿の身過ぎ世過ぎは、商いじゃ。信長殿のご用商として、たんまりと宗久殿は儲けているわ。金にて雇われるのではない。考えあって仕えるまでじゃ」

「………」

宗二は仏頂面をして、じっと天井の一劃を見ていたが、

「ではお師匠様、もしお師匠様に茶頭の誘いがございました時は、お師匠様はいかがなされる所存でございます？」

「そうよのう。時と場合によるわ」

「時と場合？」

宗二の眉間に太いしわが刻まれた。

「時と場合？」

「そうよ、時と場合じゃ」

「では、お師匠様も、いつかは大名に仕える日があるのでございますか」

憤懣をこらえて、宗二は言った。

「山上、わしはのう、わしの創意をもっと茶の湯に盛りこむつもりじゃ」

「どんな創意でございます？　どんな創意を盛りこもうと、大名共に仕えるという点では、同じではございませぬか。口惜しくはございませぬか、お師匠様」

へそ曲がりと言われているほどに、潔癖で頑固者の山上宗二が、心から尊敬しているのは宗易であった。宗易のたゆまぬ研鑽は、正に会うごとに刮目するものがあった。その精進ぶりは、例えば宗易の作った茶器の型紙にもうかがえた。茶器の型紙を見せられた時、思わず宗二はうなったものである。どの茶会においても、茶器や茶入れの道具拝見がある。ふつうのものはそれを只拝見して来るだけだが、宗易はちがっていた。その目に焼きつけられた名器の姿を、型紙に切る。それは実に、寸分たがわぬほどの正確な切り紙であった。しかも、その一見しただけの道具の特徴を、その型紙に詳しく記し、それを拝見した日付も忘れずに記すのであった。つまり只一度見ただけの道具を、宗易はその日のうちに紙に再現し、事細かに、そのよし悪しを記すのである。

このような型紙を作ろうとすれば、道具拝見も真剣となる。この型紙を、弟子の宗二は幾十枚となく見せられたが、それは正に道具の鑑定書であった。さすが鑑識眼の高さに定評のある宗易の精進は、他者には真似のできぬところであった。

これほどの優れた茶人が、何故に時と場合によっては、大名などの茶頭として仕えようというのであろう。茶人の真骨頂は、自由に生きるところにあるのではないかと、宗二は言いたかった。

大名に仕えるのは口惜しくはないかと言う宗二に、宗易はうなずいてから言った。

「おぬしも、わしとよう似た男じゃ。わしも、生来武将などは好きではない。わしには、切った張ったの生き方などよりは、ものの色形、美しさを知ることのほうが、人間として重要なことだと思っている」

「それでは、なぜ信長殿などに……」

「わしはまだ、仕えるなどとは言ってはおらぬ。恐らく当分は尾張殿もそんなことは言っては来まい。が、仮にじゃ。その話が再燃した時は、わしは行くかも知れぬぞ」

「なぜでございます!?」

山上宗二の細い目が三角に尖(とが)った。

「それはの」

宗易は、じっと宗二の目をみつめ、そしてにやりと笑った。

「それは、大名をわしの意のままに動かしてみたいからじゃ」

「なんと申されます!?」

驚きの声を上げる宗二をおさえて、

「ま、静まれよ。だが、おぬしもよく考えて見るがよい。わしらが働き所は戦場ではない。茶の湯の場じゃ。茶室ではこちらが主(あるじ)じゃ。茶室はわしの世界じゃ。いかなる軸を掛けるか、いかなる釜(かま)を使うか、いかなる茶壺(ちゃつぼ)を用いるか、すべてはわしの仕立てる世界じゃ」

「いかにも」

「そこでは、この世の位階は幅をきかすことが出来ぬ。いかに天下を取るほどの武将になられたとしても、茶の世界では、それは何の手柄(てがら)にもならぬ。茶の世界では目利きができなければならぬ。われらがつくった作法にならわねばならぬ。いや、わしらのつくった法(のり)に従わねばならぬ」

「なるほど！　さすがはお師匠様」

閉じていた扇子を再びひらいて、宗二は忙し気に胸もとに風を送った。

「それには、先ず茶室の工夫が必要じゃ。わしは武士共が命よりも大切にしているあの刀を、茶室から追放したいのじゃ」

「それはお師匠様、いかに申されようとも、それは無理というものでございます。寸時たりとも武士共は、刀を手放しませぬ」

「それはわかっている。が、山上、わしは茶室に刀などという殺伐な道具を、持ちこませたくはないのだ。なぜ茶室に刀が必要なのか。刀で茶が点てられようか。刀を茶杓の代わりに使うことができようか。茶は宗教と言い切るためには、刀は持ちこんではならぬのじゃ」

「それはそうではございますが」

こと茶にかけては、激しい情熱を持つ山上宗二にも、宗易の言葉は余りに現実を無視した言葉に思われた。

世は未だ戦乱の繰り返される時代である。宗二には、武士を丸腰にさせることなど、何としても至難なことに思われた。

「山上、刀が茶室に持ちこまれている間は、わしの理想とする真の茶の湯とは言えぬ。

和敬清寂の世界に、何で刀が要るのだ。その道理がわからぬ者に、茶の湯をたしなむ資格はない」

「いかにもそうではございましょうが、刀を茶室の外に置いては、落ちついて茶を飲むことができぬのが、武士共ではございませぬか」

「そうよ。そうだからこそ、わしは茶室を信じ合える者たち、睦(むつ)び合える者たちの場としたいのじゃ。わかるか山上」

「はい、お師匠様」

宗二は答えた。宗二も茶室に刀は要らぬと思う。だがそれは、天の星を竿(さお)で落とすよりも、もっと困難なことに思われた。いかに宗易を尊敬する宗二ではあっても、宗易の言葉は、あまりにも夢のような話だと思った。

「蒸すのう」

宗二を見る宗易の目は、弟子の心を隈(くま)なく見通しているようであった。

格子戸

一

「お亀、立ってみい」

宗易の声がやさしかった。お亀は、

「はい、お父様」

と、素直に答えて立ち上がった。

「うん、大きゅうなったのう」

宗易は目を細めた。この前、この家に来たのは、もう半年も前のことである。その時から見ると、お亀は背丈も伸びたが、肩のあたりの肉づきが豊かになった。

お亀は十三歳であった。お亀の母お幹は二年前に他界している。その後お亀は、祖母おきんと小女の三人暮らしをつづけていた。

「涼しくなったのう」

宗易は、坐ったお亀に目を注めたまま言った。涼風が宗易とお亀の間を吹きぬけていく。

「ほんに今年は暑うて」

お亀は小首を傾けて言う。

お亀の母のお幹は控え目な女だった。宗易の足が遠のこうと、繁くあろうと、とやかく言うことのない女だった。そしてある日突然、眠るように息を引き取ってしまった。死なれてはじめて、宗易はお幹の一生を哀れに思った。自分からは、痛いとも痒いとも、一切訴えたことのない生きざまが、妙に身に応えた。そんなお幹への想いもあって、宗易には残されたお亀が、ことのほか愛しく思われた。

お幹の死んだ当座、よほど堺の家にお亀を引き取ろうと思ったが、お稲のもとに置くよりは、血のつながった祖母おきんと共にあるほうが、お亀が幸せであるように思われ、引き取ることをやめた。京に上る度、宗易はお亀に土産を持って、この家に幾日か泊まった。

「お亀、茶の湯は怠けずに学んでいるかの」

「はい、このごろ兄上様が時々お見えになって、きびしゅう仕込んでくださります」

「ふむ、紹安がか」

宗易は一瞬複雑な顔をした。長男の与之介は既に二十五歳となり、紹安と号して茶人となった。与之介が茶の湯をすることを、妻のお稲はひどく嫌っていた。が、幼い時から与之介は、茶の湯にひどく心を魅かれていた。性格は豪放でありながら、宗易があっと息をのむほどの閃きを、その茶の湯に見せてきた。そして二年前の永禄十一年、紹安は初めて茶会をひらいたのである。

その紹安が、宗易と共にこの家をしばしば訪ねてはいた。そしてまた、紹安が一人で訪ねることのあるのも知ってはいた。だが、お亀の茶の湯の稽古を見てやっているとは、紹安の口から聞いたことはなかった。宗易は自分だけがお亀に茶の湯を教えていると思っていた。

「そうか。紹安が教えてくれるか。きびしくのう」

宗易は、紹安が腹違いの妹お亀に対して、あたたかい思いを抱いていることを知って、やはりうれしかった。

「はい。でも、お兄様はおやさしゅうて」

お亀は再び小首をかしげてにっこりと笑う。肩まで垂らした豊かな髪がゆれる。宗易は紹安がこのお亀に、茶の湯の稽古をつけている姿を想像した。

（お稲が知ったら、さぞ腹を立てるであろうのう）

秋風が立つようになって、お稲の気鬱（きうつ）は、目に見えてよくなってきた。お稲が快方に向かうと、家の中が明るくなる。

長女のおゆうと次女のお袖（そで）は既に嫁ぎ、家には十七歳になるおぎんと、十五歳になるおこうがいた。母の気鬱が亢（こう）ずる度に、このおぎんとおこうは、朝夕神仏に手を合わせて祈った。特におぎんは、水ごりまで取るほどのやさしい娘であった。おぎんもおこうも、宗易には愛すべき娘であったが、それにもましてお亀は、宗易にとって、何ものにも代え難（がた）い愛しい娘であった。お亀と共にいると、心の底から解きほぐされるような安らぎを覚える。それはお亀が、まだ子供であるからだけではない。お亀には生来、人のすべてを受け入れるひろやかさがあるように、宗易には思われるのだ。

「お亀、ではあとで、そなたに一服茶を点（た）ててもらおうかの」

「はい、お父様」

お亀がうなずいた。

「お亀、そなたそろそろ、その童のような髪を、もっと長く伸ばさねばならぬの」

「もっと長く?」

「そうじゃ。そなたはもうそろそろ、嫁に行かねばならぬ」

宗易はからかう。お亀はそれを真に受けて、

「いやでござります。お亀は嫁になど参りませぬ」

と、首を激しく横にふった。宗易は真顔で更に言って聞かせる。

「おなごが、嫁に行かぬなどと申してはならぬ」

お亀は必死なまなざしで、

「いやでござります。いやでござります」

と涙さえ浮かべる。

「おお、よいよい。そなたはどこにも嫁がずにいてもよい」

宗易は近寄って、お亀の肩を抱いた。小袖の下に、たおやかな乙女の体があった。

宗易はお亀の肩を抱いたまま、

「だがのう、いつかはそなたにも嫁がねばならぬ日が来る」

と、呟くように言った。言いながら宗易自身、このお亀ばかりは、いかなる男のもとにもやりたくはないと思った。出来得ることなら、一生この家に置いておきたかった。

（しかし、そうもいくまい）

いつかはこのお亀を娶る男が現れる。その男はどんな男であろう。宗易はまだ現れもせぬ男に、妬ましさを覚えた。

「お父様、お亀はお父様が大好き。いつまでもお父様の娘でいとうござります」

「そうか、そうか。それでわしも安心した」

お亀の頭をなでながら、宗易はふっと、わが娘が一人の女のような気がした。そして、女と睦言を語るよりも、もっと深い喜びを感じた。

(妙なものじゃ、父と娘というものは)

お亀に対するこの感情は、遠くに離れて住んでいるためかも知れぬと、宗易は苦笑した。

「ばば様は遅いのう」

寺参りに行ったというおきんのことを宗易は言った。

「はい、おばばは、お寺参りが何より好きなのでござります」

十三歳のお亀には、一人娘に先立たれた祖母のおきんの心のうちまでは、まだ思いやることはできない。が宗易は、お亀の今の一言に、胸を突かれる思いがした。一人の女の一生を、自分が不幸にしてしまったような、そんな心持ちであった。いや、一人だけではない。その母のおきんまで巻きこんでしまったと思う。

(もし、このお亀が、お幹のような一生であったとしたら……)

お幹が突如死んだのは、多分心の臓を患ってのことであろう。同じ屋根の下にいるおきんやお亀さえ、お幹の死を知らなかった。そんな儚い死に方が、今更のように宗易の胸を嚙む。

「お父様」

お亀は、宗易の膝に手を置いて顔を見上げた。

「うむ」

「何を考えてでござります」

「いや、何も考えてはおらぬ」

「うそ！　今、お父様は悲しい顔をなさってでござりました」

「いや、何、名物狩りのことを、ひょいと思い出したまでのことじゃ」

宗易は別のことを言った。

「名物狩り？」

お亀は愛らしい眉根を寄せて、

「お兄様も、名物狩りのことを言ってござりました」

と言った。

「何、紹安が？　何と言っていた」

信長は権力にまかせて、茶人や大名たちの秘蔵している茶道具を召し上げ、世に名物と言われる逸品を、その手におさめつつあった。大名や茶人たちの中には、信長の意を迎えるために、自ら進んで献上する者もいた。が、それは茶人にとって、大名が領地を召し上げられるほどのつらいことであった。

「はい、お兄様は、茶の湯の心を知らぬ者のすることよ、と怒っておられました」

「ふむ。茶の湯の心を知らぬ者か。なるほど」

紹安は、そんなことは宗易の前では一言も言わない。だがこの幼いお亀の前で、信長を嘲って見せたのだ。

「お亀、そんなことは、人前では滅多に言うまいぞ」

「はい。でもお父様、本当に茶の湯をなさる方なら、人様の名物を無理矢理取り上げなさることなど、なさらぬとお亀も思うております」

「それはそうじゃ。茶の湯というものは、相対のものじゃ。上も下もないものじゃ。名物を所望するには、所望する礼があるものじゃ」

それをあえて名物狩りに出た信長の真意は、どこにあるのであろうかと、宗易は考えてきた。それはやはり、茶の湯をする者の心ではなく、武者の心だと思う。人々の心胆を寒からしめることが真意であるように思う。

「お亀も、信長様が嫌いでございます」

お亀はあどけない目を真っすぐに宗易に向けた。

「そんなことを言ってはならぬ。武将としては秀でた男じゃ」

驚くお亀に、

「好きも嫌いもない」

と、宗易は微笑を見せた。

「お兄様は、信長は嫌いじゃと申されました」

「…………」

「お父様、お父様は名物をお持ちでござりますのに、なぜお召し上げに遭わなかったのでござります？」

「うむ」

お亀はまだ十三歳の少女であるだけに、物事を正直に言う。宗易には古銅無文の花入れ、「鶴の一声」や、牧谿の自画賛など、幾つかの名物がある。名物を数多く持っている者を数寄者と言い、それが茶人の必須の条件でもあった。だが宗易に対しては、信長は、名物の召し上げをしなかった。恐らくそれは、堺の代官松井友閑の計らいであったにちがいないと、宗易は思っている。松井友閑が堺で心服している茶人は、宗易一人であった。

宗易は、他の者たちのように、自分の秘蔵の茶道具を、信長に献ずる気にはなれなかった。道具の目利き(めき)も出来ぬ者に、名品を献上しても、無駄(むだ)なことと思っていた。

そんな宗易に、いつか今井宗久(そうきゅう)がこんなことを言った。

「信長殿は、お主に一目置いているという噂(うわさ)じゃ。あり得ぬことにわしには思われるが」

宗易は笑って答えなかった。

「だがのう、魚屋(ととや)。油断は禁物じゃ。お主の名物を召し上げなかった魂胆がどこにあるか。信長という男は、恐ろしい男じゃぞ」

そして宗久は、暗に信長への献上を奨(すす)めたのである。堺の町人のうちで、最も信長に重用されているのは今井宗久であった。その宗久の言葉には千鈞(きん)の重みがあった。

だが宗易は、あえて献上しなかったのである。

「では、お亀の茶を馳走(ちそう)になろうかのう」

宗易はお亀の肩に手を置いた。

「はい、お父様」

お亀はかしこまって一礼した。庭で虫のすだく声がしきりにする。静かな京の午下(ひるさ)

がりである。

二

お亀の家に三晩泊まって、明日は堺に帰ることにした宗易は、大徳寺に顔を出そうと思い、その日の午後、お亀の家を出た。

「お父様、早うお帰りを」

玄関まで送って出たお亀は、甘えるように言う。

「うむ、暮れ方までには戻ろうぞ」

宗易は玄関前の細道を行き、門の格子戸をあけようとして、何げなく通りを見た。

途端に宗易の胸がとどろいた。門の外を紫のかつぎをかざして立ちどまった女がいた。空の雲行きでもみるのか、女は少しの間空を眺め、そしてまた歩き出した。

(おりき！)

宗易はあわてて格子戸をあけ、うしろ手に閉めた。

「おりきどの！」

のどまで出かかった言葉を、宗易はのみこんだ。

あの匂うような頰、涼しい目もと、それはまさしくおりきその人であった。だが、それは三十そこその女性であった。

(確かおりきは、わしと十一ちがう筈)

とすれば、おりきは今年三十八歳の筈である。そのように若い筈はない。宗易は声をかけることをためらった。

(たとえおりきであっても……)

この昼日中、人目のある通りで言葉をかけてはならぬと、咄嗟に判断したのである。

宗易は、ひそかに女の後を尾けた。後を尾けながら、あれは確かにおりきだと宗易は思った。背筋を真っすぐにし、足の運びに癖がない。能のような気品のある動きである。

(確かにおりきだ)

何年会わなかったことだろう。あのおりきの住む宮王家に、松永久秀が放火した日、宗易は宮王三郎の墓前でおりきと会った。

(あれから十一年の月日が流れた)

十一年という月日は、宗易にとって信じられぬ程の長さだった。その間、宗易は幾度おりきの居所を探したことであろう。一再ならず夢にも見た。おりきが、阿波の浜に拾ったという碁石を出しては、どれほど会いたく思ったことか。そのおりきが、今、十数歩前を静かに歩いていく。宗易は、突然のことに、夢を見る思いであった。托鉢の僧が行く。墨染めの衣をまとい、編み笠をかぶった僧の、振る鈴の音が清い。町家の内儀が来る。縞の大ぶろしきを背負った丁稚がよぎる。手桶を下げた金魚売りの女が行く。が宗易は、前を行くおりきの姿に目を注いだまま、おりきと同じ早さで歩く。おりきの住まいを突きとめねばならぬ。今、声をかけて、万一おりきに逃げられては、長年の苦労も水の泡となる。

今、宗易は、茶の湯を忘れた。お稲もお亀も、すべてを忘れた。

(おりきが生きていた)

あれがおりきだ。宗易は只そう思いつづけた。おりきが、通りを右手に曲がった。

宗易は少し小走りになった。その時、

「魚屋様」

と呼ぶ声が、うしろでした。宗易は内心ぎょっとしてふり返った。堺の天王寺屋の番頭嘉助であった。

「何じゃ、嘉助か。珍しい所で会ったのう」

宗易は内心舌打ちをした。

「いつ都にお上りで?」

「うむ、二、三日前じゃ」

津田宗及の番頭とあっては、粗略にも出来ない。が、宗易は二、三言葉を交わしてから、

「ちょっと先を急いでおる。失礼する。宗及殿によろしくな」

と、そそくさと右手に折れた。が、既におりきの姿はない。

（はて？）

急ぎながら、宗易は頭をかしげた。先程の足どりでは、精々一丁先を歩いている筈である。その姿が見えないのは、この近くの家に入ったということかも知れぬ。牛車一台通れるか、通れぬかの狭い道だ。その道を挟んで、門構えの家が向き合っていた。

宗易は右を見、左を見て、家を探した。が、宮王の標札のある家はない。

（しまった！）

姿を消したおりき親子が、宮王の名を門に出すとは思えない。

（いや、おりきが、この辺に住んでいるとは限らぬ）

誰かを訪ねて来たとしたら、当然おりき親子の標札がある筈はない。宗易は、はたと困惑した。

（嘉助の奴め……）

声をかけた嘉助が恨めしくもあった。宗易は諦め切れずに、また一軒一軒屋敷をのぞきながら歩いて行った。ぴたりと門を閉ざしている家もある。町家風に格子戸の門の家もある。が、どの家もひっそりと静まっていた。

（構わぬ、一軒一軒、当たってみよう）

宗易は腹を決めた。

一軒目からは小女が出て来た。家人は留守だと、小女はおどおどと答えた。二軒目は、白ひげを胸まで垂らした町医者ふうの男が出て来た。三軒目の門に立った時だった。たすきがけの女が庭に水を打っていた。その女が、ひょいと宗易を見た。おりきであった。

おりきは呆然と宗易を見た。宗易もまた凝然と突っ立ったままだ。涼やかなおりきの目に、激しい色が動いた。

「おりきどの！」

万感をこめて宗易はおりきの名を呼んだ。おりきは持っていた手桶とひしゃくを静かに下に置くと、たすきを外して、ていねいに頭を下げた。

「おりきどの！　ご無事でござったか」

宗易はおりきに近づいた。おりきは黙って再び頭を下げ、先に立って玄関の戸をあけた。そして小腰を屈め、宗易を待った。宗易は夢心地で、その玄関の敷居を跨いだ。

座敷に向かい合って、初めておりきが口をひらいた。

「宗易さま……お懐かしゅうございます」

その声音は、初めて会った日の、あの十七歳のおりきの声音と同じであった。

「ずっとここにおられてか」

宗易は、思わず詰るように尋ねた。

「はい。申し訳もございません」

「いや、おりきどのに詫びてもらわねばならぬ筋はない」

宗易は言いながら、改めて、確かに自分の言葉どおりだと思った。おりきと自分の間は、赤の他人の間なのである。宗易に挨拶をして、堺を出なければならぬ義理は、おりきにはなかった。が、おりきは、その白いうなじを横にふって言った。

「松永久秀様のこと、実休様のご無理なおねがいのこと、いろいろと、今井宗久様から詳しく伺っておりました。わたくしのために、数々のご迷惑、改めてお詫び申し上げます。そのことを知りつつ、今日までお便りもいたしませんでしたご無礼を、何卒お許しくださりませ」

静かなものの言い様が、ひどく宗易の胸に沁みた。

「いやいや、わしが松永殿に対していたした返答が、松永殿を怒らせ、あの放火となってしまいました。申し訳ないのはこちらのほう……」

「いえいえ、松永様へのお言葉、りきはありがたく存じております。もし、宗易様のお言葉がなければ、わたくし、松永様のもとに嫁がねばならぬところでござりました。お心のほど、いつもいつも忝けなく思っておりました」

「そのお言葉を伺って安心いたしました。が、折角のご良縁……」

言いかける宗易に、

「宗易さま、りきは……」

と、遮った。その首筋から頰にかけて血が上るのを、宗易はこよなく美しいと思った。

「それにしても……ご無事の便りだけは、頂きとうござった」

「申し訳もござりませぬ。しかし、所を明かしては、松永様がいつ非道の所業に出られて、宗易さまを害さぬとも知れぬと、今井様もご心配なされました」

「宗久殿は、ここを度々訪ねられてか」

「はい。年に一、二度」

「年に一、二度のう」

宗易は、宗久の目から鼻にぬけるような顔を思い浮かべた。いつか宗久は、おりきの行方を知らせてやろうと言ったことがある。が宗易は、

「京であろう」

と言って、宗久を驚かせた。今になって思うと、なぜあの時、素直におりきの行方を聞かなかったかと悔やまれる。つまらぬ男の意地であったと宗易は思い返した。

(それにしても……)

宗易はお亀の家と、おりきの家が、ほんの五、六丁の所にあったことが、不思議でならなかった。十五年前、お亀の母のお幹を宗易は囲った。その家の前を、おりきは今日のように、幾度となく歩いていたのだ。

(なぜ今日まで、おりきに会うことが出来なかったのか)

そして、そのおりきに、なぜ今日会うことが出来たのかと、宗易は不思議であった。

「して、おりきどの。ここにはお一人でお住まいかの」

あるいは誰かの妻女になったか、または人の囲い者になったかと、宗易は問いたかった。

「一人で？　宗易さま……わたくしが誰かの妻になったかと、お思いでござりますか」

そう言った時、小女が茶を持って入って来た。小女は一礼し、静かに立ち去った。

「いや、これほどの門構え故……」

宗易はあわてて部屋の中を見まわしながら言った。十二畳の書院の床には、狩野宗信の雁の絵も掛けてある。

「宗易さま。三郎には兄もおります。猿楽師とは申せ、宮王家一族には、わたくしども親子を養うほどのゆとりはござります。それに、吉兵衛も今は二十五歳となりました」

「ではずっとお一人で」

ほっと安堵して、

「して、吉兵衛どのにはお変わりもござらぬか」

「はい、お蔭様で。母親思いの若者に育ってござります」

「それはよろしゅうござった。二十五歳か。考えてみれば、与之介と同じ齢故、二十五歳になっても、不思議はござらぬのう」

宗易ははじめて笑った。

（だが、それにしても、この美しさで）

よく一人で通せたものと宗易は思った。二十代から三十代にかけては、女は年を取らぬものなのか。十年余り会わぬというのに、何とおりきは匂やかな肌をしていることであろう。

「おりきどの、わしは毎日、おりきどのから頂いた碁石を、眺めぬ日はなかった」

宗易は思い切ってそう言った。どんなに忙しい日でも、家にある限りは、おりきが自分のために拾ってくれた碁石を、眺めない日はなかったのだ。

それは誰にも告げたことのない事実であった。お稲も知らぬ。与之介も知らぬ。宗易一人のひそかな楽しみであったのだ。それをおりきに告げることは、おりきへの想いを告げることでもある。

「まあ！　あの碁石を。毎日……お手に取ってくださりましたか」

深い感動が、おりきの声にこもっていた。

「いかにも。わが家にいる限りは」

「お心、ありがとうございます。宗易さま、わたくしも」

おりきは、帯の間に手を差しこむと、男持ちの扇子を宗易の前に置いた。

「おお、これは！」

宗易の身の内を、衝撃が走った。それは、宗易が宮王の墓前に捧げた扇子であった。

「では、おりきどの……」

「はい。あれ以来、肌身離さず……」

「あの火事のさ中にも」

「はい、いつもこのように……」

宗易とおりきの目が絡み合った。

三

「宗易さま、松永様の目が恐ろしゅうございます」

おりきは、宗易の胸の中でささやいた。

「おりきどの、そなたとわしとは、こうならねばならぬ間だったのじゃ」

宗易は再びおりきの肩を引き寄せた。

吉兵衛は奈良に出かけて、数日後でなければ帰らない。

「わたくしも、初めてお目にかかりました時から、何か縁の深い方のように思われて……」

「それは真か」

「はい。業の深い女でござります」

「宮王殿の生きていた時からであったか」

「はい。宗易さまに、お目にかかった時のような想いを、おりきはどなたにも抱いたことはございませぬ。宮王にさえも」

「真か、おりきどの」

宗易の、おりきを抱く手に力がこもった。

「それで、宮王が阿波の国にて果てました時、おりきは、この業の深さのために罰を受けたと思ったものでございます」

「只心のうちで、想っただけではないか。心のうちで想っただけで罰を受けては、命が幾つあってもたまらぬわ」

宗易は笑って、いとしげにおりきの背をなでた。すべすべとした肌が、宗易には真乙女のように思われる。

「でも、宗易さま。吉兵衛があのように片足が不自由になりましたのも……」

「そのことと、このこととは関わりがござらぬ」

「でも、わたくしの胸のうちは激しゅうございました故……。その想いを静めるように、あなたさまにお贈りする碁石を、浜べに拾ったのでございます」

「いとしいことを言われる」

「りきは、恐ろしゅうございます。この上、何かが起こるのではないかと」

「これからはよいことばかりが起こるわ。これまで互いに、耐えに耐えて来たのじゃ。み仏だって目をつぶってくれようぞ」

「まあ！」

おりきも笑ったが、

「奥さまに知られては……」

「なんの、あの女の胸の中には、三好長慶の亡霊だけが生きているわ」

宗易は苦々しげに言った。

「お気の毒にござります。実休様、長慶様、つづけざまに亡くなられて。実休様はおやさしゅうござりました」

「実休は、そなたを自分のものにしようとした男故、やさしいも道理」

どの言葉も、語り合う言葉はみな、睦言になった。

「本当に松永様は恐ろしいお方」

再びおりきが言った。一度焼き殺されかけたおりきにとって、それは実感であった。しかも、今も尚久秀はおりきを求めていると今井宗久から告げられていた。

「そんなに奴がこわいか」

宗易は久秀の整った、しかし非情な顔を思い浮かべながら言った。

「はい。大仏殿に火を放ったり、将軍様を殺したり、あの方のなさることは、人のなさらぬことばかり……」

「…………」

「もし、宗易さまとの仲が知れたら、宗易様に、どのような迷惑がかかるか計り知れませぬ」

「わしに？」

「はい、わたくしはどうなってもかまいませぬ。けれど、宗易さまに何をするやも知れぬと思えばこそ、こうして今日まで、お便りもせず行方をくらましておりましたものを」

「おりきどの、わしはそなたをこの胸に抱くことがあれば、いつ死んでもかまわぬと思っていたのじゃ。……よし、彼奴にわしは何も言わせぬぞ」

宗易はまなじりを上げた。

松永久秀は今、信長の配下にある。久秀は信長の名物狩りに、「遠寺晩鐘」の絵を召し上げられていた。それは信長に随順している証拠であった。

（よし、わしは茶の湯で彼奴の頭をおさえてやるのだ）

宗易はひそかに決意した。明らかに、信長は今、茶の湯を身につけることに熱中している。その信長が、宗易に一目置いているのは、宗易自身信長の口から聞いている。

「そなたは妙な男じゃ。名刀を見るようじゃ」

そう信長は嘆じたのだ。そして、茶頭になれと誘いさえした。が、たちまち、

「いや、そちは目障りじゃ」

と、言葉をひるがえした。

が、宗易は、物を見る目も利くが、人を見る目も利く。すべてに好奇心の強いあの信長が、一旦関心を持った宗易に対して、いつかは必ず茶頭への誘いをかけてくるであろうと思った。

(恐らくそう遠いことではあるまい)

松永久秀の頭をおさえるためには、信長に近づいてもよいと宗易は思ったのである。

やがて宗易は、お亀が自分を待ち侘びていることを忘れて、眠りに入った。

弱法師

一

お亀は淋しかった。父の宗易が自分を偽ったことが淋しかった。

「夕刻までに戻ろうぞ」

まちがいなく宗易はそう言ったのである。だが、夕刻はおろか、日が暮れ、人が寝静まる頃になっても、宗易は戻らなかった。

「今日はきっと、大徳寺にお籠りでござりましょう」

小女の加江が慰めても、祖母のおきんが、

「お父さまはお忙しい方じゃからのう」

と説いて聞かせても、お亀は頭を横にふって、

「いや、いや、お父さまは嘘つきじゃ」

と、泣きじゃくった。それでも、さすがに十三歳の少女である。夜半を過ぎる頃には、泣きながらも寝入ってしまった。

翌朝お亀が目を覚ましたのは、常よりも遅い時刻であった。起きるとすぐにお亀は、

「お父さまは？」

と、祖母のおきんに尋ねた。

「まだお戻りにはなられませぬ」

「まだ!?」

お亀は小さな肩を落とし、

「おばば、もしやお父さまは、急病にでも……」

と、昨日とはちがった憂い(うれ)の顔を見せた。

「そんなことがあっては一大事。大丈夫、無事にお戻りになられましょう」

加江が言う。おきんや加江は、宗易(そうえき)が時に女のもとに泊まることも察している。だがお亀は、宗易が帰ると言えば、必ずその日帰ると信じて疑わない。お亀にとって宗易は、只(ただ)一人の大事な父親なのである。お亀は、春雨のようにしとしとと降る庭の雨を見た。色づいた楓(かえで)を細い雨がぬらしている。

お亀は朝飯も取らなかった。そんな慕いようが、祖母のおきんには哀れでならない。

(もし、この自分が世を去った時には……)

そう思う度におきんは、いつも胸をしめつけられる。たまさか宗易と紹安（与之介）が訪ねて来るだけの侘びしい女住まいなのだ。

(お亀は、どうして暮らしていくのやら)

平生余り丈夫でないおきんにしてみると、わが娘にも増してお亀はひとしお哀れな存在であった。

(まさか、堺のご本宅につれて参られるわけにもいくまい)

宗易の妻のお稲の様子は、宗易と紹安の口からそれとなく聞いている。

「わがままな女でのう」

そうも聞いた。

「三好家のほうが、千家よりも大事な女なのじゃ」

吐き捨てるように、娘のお幹に洩らしたこともあったらしい。

「母上は気鬱じゃ。何を言っても返事もせぬ」

紹安が歎いていたこともあった。

(そんな女の所に、お亀を頼むわけにはいかぬ)

おきんには、会ったこともないお稲がひどく恐ろしい女に思われた。正妻という存在は、日陰の身には只でさえ恐ろしい存在である。

庭に降る雨を眺めながら、ほっと吐息をついている孫娘のお亀を見るおきんの思いは、複雑だった。

午も間近な時刻になった。雨が晴れ上がったようである。と、加江が玄関で何か言う声がした。宗易の声がする。おきんとお亀がはっと顔を見合わせ、お亀のほうが先に立ち上がった。お亀は襖をあけ、小走りに玄関に出た。

「お父さま、お父さまの嘘つき!」

叫びながら、取り次ぎの間に出たお亀は、思わず立ちすくんだ。宗易の陰に、敷台の上に坐って履物をなおしている女のうしろ姿を見たからだ。うしろ姿ではあっても、その首筋や物腰に、並々ならぬ美しさを女は湛えていた。

「何じゃお亀。客人の前で、そのような大声をあげては笑われようぞ」

宗易は上機嫌に言って手をのべ、お亀の頭をなでようとした。が、お亀は二、三歩後退さりながら、今敷台に立ったおりきを見た。

(まあ!……)

お亀はおりきのすらりとしたその立ち姿の美しさに息をのんだ。

「お帰りなさりませ」

おきんが小さな体を二つに折り、宗易の前に両手をついた。

「おう、おばば、今日はお亀に新しい母をつれて来たぞ」

いきなり宗易はそう言い、驚くお亀やおきんを尻目に座敷に通った。

(お母さま!?)

お亀は眉をひそめた。

おきんは、おりきを堺のお稲かと一瞬恐怖した。

「おりき、これがお亀じゃ。おばばどの、これはおりきと言ってのう。これからはお亀の母代わりになってくれるのじゃ」

(亀の母!?)

「はあ、おりきさまで?」

おきんは、お稲ではないことを知って、安堵の微笑を浮かべた。そして、つくづくとおりきを見て、心の中で讃歎した。

(さすがは宗易どの。何と匂うような、おやさしいお方を……)

おきんはこの美しいおりきもまた、日陰の身であることを思って、好感を抱いた。

お亀も、突如天女かとまごうほどの美しいおりきを、

「これからはお亀の母代わりになる」

と聞かされて、只呆然と目を見張った。

母のお幹は二年前に死んだ。十三歳のお亀にとって、二年前というのは、もうずいぶん遠い昔のことに思われる。お亀には、祖母と加江との三人暮らしが、あまりにも淋しかった。お亀は死んだ母が恋しかった。が、そのうちに、母という存在が無性に欲しくなってきた。それは時折、おきんがお亀の背をなでながら、

「おばばが死んだら、お亀はどうなることやら」

と、吐息まじりに呟いたかも知れない。

お亀の母のお幹は、いつも静かな、控え目な生き方をしていた。その雰囲気は、今目の前に現れたおりきにも、多分にあるような気がする。つまりおりきの中に母を思わせるものがあるのだ。つぶらな目を、一心に自分に注いでいるお亀を見たおりきは、やさしく微笑した。

「何と愛らしい娘御でございましょう」

声が涼やかだった。そして両手をつき、おきんに向かっておりきは言った。

「りきにございます。まことに至りませぬ者にございます。末長うよろしゅうおたのみ申します」

賢さがそのものの言い方に感じられた。おきんは、末長うという言葉に、今のおりきの挨拶が重大な挨拶であることを見て取った。そしてこのおりきが、娘のお幹よりも、すべてに立ち勝った女性であることを認めないわけにはいかなかった。

(堺の奥さまではなく、このおりきさまにならば、安心してお亀をおねがいできる)

おきんは真底そう思った。

「ようお越しくださりました。こちらこそ至らぬばばと孫娘でございます。末長うお世話様に相成りまする」

深々と一礼して、おきんは思わず胸が熱くなった。おきんもお幹の母であった。人柄が素直であった。

その様子を注意深くみつめていた宗易が、手を鳴らして加江を呼んだ。加江はかしこまって、宗易よりもおりきのほうを見た。加江の目にもまだ驚きの色が消えていない。

「酒の用意じゃ」

宗易は命じた。

今朝、宗易は、おりきの傍らに目を覚ました。

「おっ！　忘れていたわ。お亀に叱られる」

その時、思わず独り言を言った宗易に、

「おちょうさま？」

と、おりきはかすかに眉をくもらせた。宗易は、

「うん、お亀じゃ。わが娘よ、十三になる」

と、お幹の娘であることを包まずに語った。

「まあ！　それは不憫な」

年に幾度しか訪れぬ宗易を待って、年毎に乙女さびてくるというお亀の身の上を聞いて、おりきは心を突き動かされたようであった。それは父を失った後の吉兵衛の淋しさを知っているおりきの同情でもあった。

「そなた、お亀を哀れと思ってくれてか」

「はい、わたくし共も身に覚えのある哀しさでござりまする」

「そなたは、まことによい心根の女よのう」

つくづくと宗易は言った。お稲には、お亀の存在を明かすわけにはいかなかった。むろんお稲は手をまわして、お亀の存在を知ってはいた。だがこのように、お亀の身の上を語り合うわけにはいかなかったのだ。

(悋気を知らぬ女か)

宗易は不思議な気がした。堺にも、宗易は女を囲っていた。が、お亀の話をしても、少しも同情の色を示したことがない。ばかりか、

「旦那さまは、そのほか、まだまだ奈良などに囲っているのではござりませぬか」

と、すねられるのだった。それが女というものだと、宗易は思っていた。まちがってもお亀を、

「不憫な」

などと言う者がいるとは、想像もしたことがなかった。

堺の豪商で、女を持たぬ男はいない。堺の商人より金を持たぬ武将にしてもそうである。如何に秀でてはいても、宗易もその時代の中に生きている男であった。

「おりき、そなた、心からお亀を哀れと思ってくれるのか」

念を押す宗易に、

「なぜ同じことをお聞きなされます？」

と、おりきは不満げであった。眉の剃り跡も匂うようなおりきの肩を抱きよせて宗易は言った。

「ではそなたに頼みがある」

「何でござりましょう？」

「唐突で相すまぬが、そなた、お亀の母代わりになってやってはくれまいか」

「ま、わたくしに⁉」

おりきの声に、驚きと共に喜びが滲み出ていた。

「そうじゃ。母代わりじゃ。幸い、お亀の家はここから五、六丁先の所にある。出来たら、一つ家に住んでほしいと思うのだが、ま、吉兵衛もいることゆえ、そうもいくまい。で、そなた度々訪ねてやってはくれまいか」

宗易の言葉に、おりきは床の上に起き上がった。そして襟(えり)を正すと、手をついて、

「もったいないお言葉、ありがとう存じます」

と、つつましく答えたのであった。

「おりき、礼を言うぞ。善は急げとか、では、本日昼前に、そなたをお亀の家に伴って参ろう」

宗易は心からの感謝をこめて言った。お亀は一番小さな娘ということもあり、宗易にとって、最もいとしい存在であった。そして心にかかる存在でもあった。

(こんなに、すべてが都合よくいこうとは!)

宗易は夢を見る思いであった。女という者が、こんなにも相手の身になって人を思いやれるものだとは、宗易は思ってもみなかった。

(類(たぐい)なき女じゃ)

宗易はそう思い、

「おりき、礼を言うぞ」

と、その手を取ったのである。

それから二人は今後のことを語り合った。

「おりき、わしには知ってのとおりお稲がいる。今更病身の者を離縁するわけにも参

らぬ。で……」

言いかける宗易に、おりきは首を横にふった。

「離縁などと、そのような……わたくしは罪深い女でございます」

「罪深い？」

そんな言葉を言った女はおりきがはじめてであった。

「はい、こうして床を一つにしたことさえ、申し訳もございませぬ。この上、りきは何も望むことはございませぬ」

「すまぬ、そなたにそのようなことを言わせてすまぬ。お稲の存在は動かし難くとも、とにかく今日からはそなたはわしの妻じゃ。よいか、おりき」

「それはなりませぬ。そのお言葉は、今しばらく……ご免くださりませ」

「では、そなたにとってわしは、単なる男だというのか」

「宗易さま、十余年前に頂きましたご扇子、何よりの宝と、肌身離さず持って参りましたりき、その心はもはやご存じではございませぬか。けれどもりきにはりきの分というものがございます」

「おりき、そうは言っても、そなたはわしのまことの妻じゃ。み仏の引き合わせが、お稲より遅かったまでじゃ。こうまでわしとそなたが、長い年月、強く惹かれ合ったということ、何れにせよ、並々ならぬ縁だとわしは思うのじゃ」

片手を床の上につき、うつ向いているおりきの肩を、宗易は抱き寄せた。

「かくなる上は、吉兵衛にも、事の真実を明かそうぞ。吉兵衛も二十五歳。きっと話はわかってくれるであろう」

こう語り合った末、二人はつれ立ってお亀の家に来たのである。恐らく、不満な顔をするであろうと思ったお亀もおきんも、思いがけぬ喜びの情を見せて、おりきを迎えてくれた。

宗易は固めの盃を加江に用意させて言った。

「雨も晴れた。めでたいのう」

二

師走も近づいたある日——。

「お兄さま、この字は何と読みますの」

謡の本を膝に、お亀が頭をかしげて吉兵衛を見上げた。吉兵衛は端正な顔に柔和な笑みを浮かべて、

「それは弱法師と読む」

「まあ、よろぼうし？」

「うむ、弱い法師と言うことじゃ」

お亀がこっくりとうなずく。

お亀の家に吉兵衛が訪ねて来たのは、おりきがはじめて訪ねて来てから、十日ほど経ってからであった。吉兵衛と紹安は同じ齢であったが、吉兵衛のほうが五つも若くお亀には思われた。それは、吉兵衛が色白で物静かであったからかも知れない。お亀はひと目で吉兵衛に馴ついた。

そんなお亀を、吉兵衛もまた憎からず思った。実のところ吉兵衛は、お亀の家に来ることに抵抗があった。宗易の口からおりきとの仲を聞かされた時は、驚きはしても不快ではなかった。吉兵衛自身、幼い時から宗易を敬愛していたからである。

既に吉兵衛自身は忘れ去っていることではあるが、宗易と初めて会ったのは吉兵衛四歳の時である。その時の様子を、吉兵衛は幼い時から幾度となく母のおりきに聞かされて来た。

「内気なそなたが、宗易さまと初めてお会いした時に限って、不思議に馴ついていたのです。あんなことは、その時までなかったことでした」

おりきはなぜ、そのように語り聞かせたのか、むろん吉兵衛には知る由もなかった。

が、宗易から母おりきとの仲を聞かされて、はじめて母の想い(おも)の深さを察することができた。

吉兵衛も二十五歳、一人前の男である。既に娶(めと)らねばならぬ齢になっていた。が、それができなかったのは、母おりきが松永久秀(ひさひで)の目を恐れて、世間から身を隠していたということもあったからである。それだけに、堺(さかい)の豪商千宗易がうしろ楯(だて)になってくれることは、吉兵衛にとっても心強いことであった。堺の商人は、一人であって一人ではない。横の結束が強く、その底力には侮(あなど)り難いものがあった。ましてや宗易は、吉兵衛自身親しみを持って敬慕していた人物である。宗易とおりきの仲を否(いな)む気持ちはない。

「それで母上は、阿波(あわ)の浜に碁石を拾わせたのですな」

吉兵衛はそう言って、微笑さえした。

だが、その宗易に、お幹という女がいたという事実は、若い吉兵衛に、何か承服し難いものがあった。しかもその娘お亀を、母のおりきが、母代わりとなって世話をすると聞いた時には、吉兵衛の心の底に、むらむらと怒りに似たものさえ湧(わ)いたのである。

それは、長い間、母一人子一人で暮らして来たせいかも知れない。母のおりきは吉兵衛だけのものであった。その母が、宗易と想いを遂(と)げたことは自然に受け入れることができた。が、お亀のこととなると話は別であった。母は自分一人の母でなければならぬ。そんな思いを持って、吉兵衛はしかし母と共にお亀を訪ねた。紅葉の盛りの頃(ころ)であった。初めてお亀を見た時、その可憐(かれん)さに吉兵衛は打たれた。いや、それにもまして、

「お兄さま」

と素直に呼びかけられた吉兵衛は、たちまち心のしこりも解きほぐされてしまったのである。

吉兵衛は兄弟の味を知らない。それだけに、兄と呼んでくれる人間がこの世にいたことは、言い難い喜びであった。

訪ねて行く度に、お亀は喜びをあらわにして吉兵衛の手に絡(から)みつくようになった。

「お兄さま、ごらんになって。これ、この人形を。これ、お亀がつくったの」

それが癖の首をかしげる仕ぐさが、得も言われず愛らしかった。

そんなお亀に、吉兵衛は自分の思いのままの女性(にょしょう)に育てたいという願いを持つようになった。母のおりきが、その女性のひな型である。おりきが知っていることは、お亀にも教えたかった。

先ず吉兵衛は、何よりも謡曲を鑑賞させたかった。宮王家に育った者にとって、謡曲は人間の土台とも言えた。謡えぬまでも、謡を聞く耳を持たせたかった。

「お亀どのはまだ十三じゃ。学べば、まだまだものを覚えることができる」

吉兵衛はいつもそう言った。

宗易と紹安が茶の湯を教えていると聞いて、吉兵衛は茶の湯にふれなかった。実は吉兵衛自身、謡曲よりも茶の湯に心惹かれていたのではあるが。

「弱法師はのう、哀れな物語じゃ」

お亀は今、大きくうなずいて、吉兵衛の顔を真剣に見る。

「昔、河内の国にな、左衛門尉通俊と言う人がいてな。その子に俊徳丸という一子があった」

「俊徳丸？」

賢げにお亀は答える。

「うん。だが父親は、その俊徳丸を追い出してしもうた」

「まあ！　親が子を？」

「そうじゃ。ざん言した者があったのじゃ」

「まあ！　憎いこと」

「俊徳丸はのう、悲歎のあまり盲目になってしもうた。そして乞食となってしもうてな」

「かわいそうに。盲になって……」

「だがのう、目は見えんでも、俊徳丸は梅の花を愛でたり、草木を愛でて、いつもよろよろと、杖を頼りに歩いていたのじゃ」

「そして？」

「ところが父親は、自分がざん言を信じたことに気づいてのう。俊徳丸を不憫と思い、ある時、天王寺で十七日の施行をした。乞食がたくさん集まってのう、その施しを受けた。そこに俊徳丸も行ったのじゃ」

「まあ！　では、わが子と気づきましたか」

「気づいた。だが人目があるので、親子の名乗りはしなかった」

「何とひどい！」

「お亀。安心するがいい。夜が更けてから、親子の名乗りをしたからのう」

「夜が更けてから？　なぜ、わが子とわかった時、すぐに名乗らなかったのです？　そんな親は、親ではない」

珍しく激しくお亀は言った。

「なるほどのう、ま、聞かれよ」

そう言って、吉兵衛は謡いはじめた。

〈かやうに候(さふらふ)者は河内の国高安の里に、左衛門尉通俊と申す者にて候……〉

顔に似合わぬ朗々たる声であった。さすがに宮王三郎の血を受けている。お亀がつぶらな目を更に大きくあけて、吉兵衛の口もとを見つめた。

〈さても某(それがし)、子を一人(いちにん)持ちて候を、さる人のざん言により暮に追ひ失ひて候……〉

室内の空気にぴんと張りつめたものがみなぎる。

その時だった。襖(ふすま)をさらりとあけて紹安が入って来た。吉兵衛が口を閉じてふり返ったのと、

「あ、お兄さま!」

と、お亀が叫んだのと同時であった。が、紹安はにこりともせず二人を見おろした。

紹安は、父宗易から吉兵衛親子にめぐり会った次第を聞いていた。そして吉兵衛親子がお亀のすぐ近くに住み、行き来を始めていることも聞いていた。

そのことを知った時、紹安は宗易に言った。

「父上、何年になりますかのう」

京の三条の橋の上で、紹安が吉兵衛親子を見かけ、その二人の姿を宗易と探し求め

た時のことを思い出して紹安は言った。

「うむ」

「十年にもなろうか」

宗易は感慨深そうに答えた。

「父上は、なかなか想いの深い方ですな」

若い紹安は感じ入って言った。

「うむ、一度魅入られたものには、いつまでも魅入られる質（たち）かのう」

「母上の耳には、入れませぬ故（ゆえ）ご安心を」

口どめされぬうちに、紹安はそう言って微笑した。そして尋ねた。

「あのお方は、お幾つになられましたか」

「うむ、三十八歳になっておった」

「三十八歳？」

思わず声を大きくした紹安は、二十代のおりきを思い浮かべながら、

「して、ずいぶんと変わられたことでしょうか」

と尋ねた。

「それがのう、いよいよもって美しくなったぞ。あれは不思議な女性じゃ。真乙女の

ような……肌さえ衰えてはおらぬ」

男同士の会話であった。ふっと紹安は妬ましさを覚えた。子供心にも、つくづく美しいと感じ入っていたあのおりきが、五十に近い父のものとなった。その二人の真実な結びつきに、紹安は羨望を感じたのだ。

「して、吉兵衛どのは？」

「よい若者になった。お亀が喜んでおる」

「お亀が？」

紹安は、濃い眉を寄せて空の一点を見た。紹安にとって、お亀は誰にも触れさせたくない妹であった。不意に吉兵衛に対する懐かしさにひびが入った。吉兵衛とお亀の住居が近いだけに、堺にいる紹安は心穏やかならぬものを感じたのだ。

以来初めての訪問である。そして今も今、玄関の戸を開いた時、いつもならすぐに顔を出す小女の加江も顔を出さなかった。代わりに、音吐朗々と謡う声が聞こえるばかりである。恐らくその声に消されて、玄関のあく音に気づいた者はないのであろう。そんなことはかつてなかっただけに、紹安の胸は早くも波立った。

襖をうしろ手に閉め、その場に突っ立った紹安に、お亀が喜びの声を上げて駆け寄った。

「お兄さま、ようこそ」

柔らかい手が紹安の手を取った。紹安は少し心を和（なご）められて座についた。

「これはこれは与之介（よのすけ）殿、お久しゅうございました」

吉兵衛がていねいに一礼した。

「まことに」

紹安の挨拶（あいさつ）は短かった。

「お会いしとうございました」

吉兵衛は素直に言った。その素直さが、紹安に戸惑いを感じさせた。

「お達者であったそうな」

紹安は吉兵衛を正視した。暗に、宗易とおりきの仲を知っているという言い方である。

「はい。お蔭（かげ）様で……。またこの度は何の縁（えにし）か、お父上におせわになることになりました」

再び吉兵衛は低く頭を下げた。

「土産じゃ」

お亀に小さな包みを差し出し、

「おばばや加江は？」

と、ようやく紹安の目にやさしい色が流れた。

「はい。何か買う物があって、先程二人で出かけました」

「二人で？」

紹安は、お亀が三月見ぬ間に、急に乙女さびたと思いながら聞き返す。

「はい。おばばも近頃はめっきり丈夫になりました。わたしに新しい母さまや、吉兵衛兄さまが出来たから、安心したのでござりましょう」

邪気のないその言葉が、紹安の胸を刺した。いや、その言葉の中の「吉兵衛兄さま」という言葉が胸を刺したのである。お亀にとって、兄はこの自分だけであった筈だ。それが突如、血のつながりのない吉兵衛を兄と呼ぶようになった。紹安の気持ちは複雑であった。紹安はお亀の前に置かれた謡曲の本に目をやった。それに気づいて、お亀が言った。

「吉兵衛兄さまに、謡をお習いしています。吉兵衛兄さまの声は、ほんとうに惚れ惚れとして……」

と、お亀は吉兵衛を見た。吉兵衛は紹安の表情の中に、不快な念のあるのを見て取って、

「では、またお目にかかりましょう。今日はこれにて失礼をいたします」

「あら、もうお帰りになりますの、吉兵衛兄さま」

つまらなそうな顔をするお亀に、

「またの日、参るからの」

と、やさしく答えて、

「与之介どの。わたくし共の家は、すぐ近くにございます。お立ち寄り下されば、母もさぞ喜ぶことと存じます」

吉兵衛は辞を低くして帰って行った。

玄関まで送って行ったお亀が戻って来て、

「お兄さま、何日泊まってくださります？」

「………」

紹安は吉兵衛にすまぬことをしたと思った。が、お亀が吉兵衛を兄と慕っていることを、素直に喜べないのだ。

「たくさん泊まってください。十も二十も」

長い黒髪が肩の上でやさしく揺れた。そのお亀の手を紹安はむずとつかみ、

「お亀」

と、お亀の目をのぞきこんだ。

「なあに、お兄さま」

「お亀の兄はわし一人じゃ。吉兵衛は兄ではないぞ」

「だって、吉兵衛さまは、新しい母さまの……」

みなまで言わせず、紹安は激しく言った。

「吉兵衛はおりきどのの息子じゃ。そなたの兄ではない。そなたにとって、血の通った兄は、このわし一人だけじゃ」

お亀はこっくりとうなずき、

「お言葉のとおり、お兄さまだけが、わたくしのまことのお兄さま」

と、両手に紹安の手を挟んだ。紹安はほっと笑顔を見せて、

「では、これからは、わし以上に吉兵衛に馴ついてはならぬ。よいかお亀」

と、念を押す。が、お亀は答えない。

「何だ、約束が出来ぬのか」

咎めるように言う紹安に、お亀は顔を上げた。

「お兄さま、お兄さまは狡い」

「何？ 狡いとな。なぜじゃそれは」

「だってお兄さまは、堺にお袖さま、おぎんさま、おこうさまと、三人も妹さまがおられます。そしておゆうさまというお姉さまもおいでになる。その堺に、いつもお兄さまはおられて、みんなと仲よう暮らしておられる。それなのに、この亀の所には、年に幾度かお見えになるだけ」

「………」

「亀には母もない。きょうだいもない。その亀の淋しさを、お兄さまはご存じないのでございますか」

お亀の頰に涙がこぼれた。その涙に、紹安ははっと心を突かれた。

「わたしは吉兵衛兄さまが好き。お兄さまと同じぐらい好き。それがどうしていけないのでございます？」

お亀の声は必死であった。

妙光寺

一

宗易は今、静かに茶杓を手に取った。その手もとに、信長の目が注がれている。天正三年十月二十八日、妙光寺における信長の茶会である。この日信長は、京と堺の茶人十七名を、この茶会に招いた。長年信長を手こずらせた越後加賀の一向一揆が平定され、本願寺の光佐が和を乞うて来た。今日はその祝賀の茶会なのだ。

信長は満足であった。床の間の壁には松永久秀から献上された玉㵎の筆に成る「遠寺晩鐘」の絵がかけられてある。炉にはお多福に似た形の、乙御前の釜がかけられ、蓋置きもまた、今井宗久から贈られた五徳蓋置きである。そしてまた、水指しは紹鷗秘蔵の南蛮〆切であった。何れも第一級の名物揃いである。しかも茶頭は宗易であった。

信長が宗易に初めて会ったのは、足かけ六年前の四月のことだった。その日、信長は宗易の点前（てまえ）を見て、言い知れぬ無気味さを感じた。宗易には、津田宗及（そうきゅう）や今井宗久にはない不思議な何かがあった。その時信長は宗易に言った。

「そちは名刀に似ている」と。

そして、茶頭になることを命じようとして、信長は自らその言葉を打ち消した。宗易が断るであろうことを、信長は感じ取ったからである。

さすがに信長は宗易を見ていた。六年前のあの時点においては、宗易には武将信長に仕える気は全くなかった。だが、次第に宗易の心に変化が起きた。その一つは、今井宗久、津田宗及が信長の茶頭となって、権力を持つ姿を見たからである。おりきと結ばれた宗易の心の中には、松永久秀があった。松永久秀はおりきをのぞみ、執心のあまり、おりきの家に放火した男である。その松永久秀を宗易は越えたかったのだ。むろん、その思いを今井にも津田にも告げたことはない。

だが信長は、宗易を覚えていた。二年前の天正元年十一月、京都の妙覚寺において信長が茶会を催した時、宗易に茶頭を勧めさせたのである。その時信長は、初めて見た時の宗易にはなかった丸みをその中に見た。

（はてな？　宗易は変わった）

宗易の点（た）てた茶には、誰にもない丸みがあった。湯が二、三滴多いのか少ないのか、茶さじの茶が、ほんの少し多いのか少ないのか、茶筅(ちゃせん)の動かし方が、他の者とどうちがうのか、とにかく微妙なちがいが宗易にはあった。すべての所作が、流れるように自然であった。以前にはまだ、どこか構えた姿勢が宗易にはあったと信長は思う。それが変わったのだ。この年の春、宗易はおりきとの間の第一子を、三歳で失っていた。おりきは宗易と結ばれて間もなく懐妊した。そして翌年、即ち(すなわ)元亀(げんき)二年、おりきは宗易によく似た男子を生んだ。宗易にとって、男子は与之介以来であった。宗易はその喜びをかくさなかった。それまで、おりきの存在は、お稲には知らせていなかった。が、男子出生と共に、宗易はお稲に、おりきが子を産んだことを知らせた。その時からまたお稲の気鬱(きうつ)は重くなった。その男子が、はやり風邪にあっけなく死んでいったのである。

宗易は初めて、子を失った悲しみを知った。その悲しみが、宗易の茶の湯を深めたのである。

翌天正二年、宗易は、今井宗久、津田宗及と共に、信長に招かれて相国寺(しょうこくじ)の茶会に出た。そして四月、信長は正倉院の名香蘭奢待(らんじゃたい)を切って、宗易と宗及に与えた。このことは、多くの茶人の羨望(せんぼう)するところとなった。その蘭奢待を拝領して間もなく、三千石にて召し抱えたいとの、信長からの招きを受けた。宗易はおりきにそれを伝えた。

おりきはしばらく黙っていたが、

「りきは、旦那さまのなさることに、賛成でございます」

と言った。茶頭になるなとも、なるようにとも言わなかった。おりきは既に、宗易の心のうちを知っていたのである。

そして一年は過ぎ、天正三年十月二十八日の今日、宗易は正式に織田信長の茶頭として、この茶会に勤めていたのである。

信長は、再び床の間の「遠寺晩鐘」に目をやり、口もとに微笑を浮かべた。

(信玄も亡んだ。朝倉義景も亡んだ。浅井長政も死んだ。そして長年根強く反抗した一向衆も平定した)

今、信長は安土に城を築きつつあった。すべてが信長にとって、順調に進んでいた。

(安土城には、この宗易が大いに必要となろうぞ)

信長の胸のうちに、けんらんたる安土城が既に出来上がっていた。そこは日本の中心となるべきところであった。茶の湯の名物はすべて、この安土城に移すつもりである。名器のあるところに、宗易もいるべき筈であった。その満足げな信長の表情を、茶頭を勤めながら、宗易は少し皮肉な目で眺めていた。

宗易は、この茶席にある名物は、悉く信長の名物狩りによって献上された品々であることを、思っていたのである。名物はそのようにして集めるべきものではない。信長がそのことに気づかぬうちは、信長の茶も、所詮殿様芸に過ぎぬと、宗易はきびしく、心の中で思っていた。

ともあれ信長は不思議な男であった。ひどく短気であり、些細なことに、突如として怒った。が、なぜか宗易に対しては、そのような一面を見せることは、全くなかった。

つい先日のことである。信長は宗易に、こう尋ねた。

「のう宗易、茶の湯の第一の心がけを、そちはどう思うておる」

宗易は即座に答えた。

「恐れながら、上には粗相ありとも、下には律義に信あるべし、と存じまするが」

思い切った言葉であった。地位の高い者は、粗末に扱ってもいいが、低い者には丁重にあれと言うことである。この言葉が、癇癪持ちの信長にどうひびくか、宗易は危ぶまぬわけではなかった。だが、武将、大名たちに茶を教える時に、このことをぬきにしては、真の茶は成り立たぬと、宗易は信じていた。いつかは進んで言わねばならぬと、胸に秘めていた言葉なのである。

「ふん」

信長は口を歪めて笑ったが、そのこめかみに青筋は立たなかった。それどころか、

「何と茶の湯は、キリシタンに似ておるではないか」

と、興深げにさえ言ったのである。信長はすべてに新しい物の好きな男であった。キリシタンの宣教師にも、幾度か会っていた。むろんキリシタンの教えにのみ興味があったわけではない。その国の持つ武器や、戦法や、学問に、より興味があった。だがその中で既に信長は、平等ということを聞いていた。上をも下をも、同じように扱わねばならぬという道徳のあることを聞いていた。

信長の言葉に、宗易のほうが驚いた。

「キリシタンにでござりますか」

「うむ、キリシタンに似ているわ。なるほど、茶の湯に号令は要らぬわの。だが宗易、戦には、何としても号令は必要じゃ」

話のわかる一面を持つ男でもあった。

と言って、宗易は信長を、とり分けて尊敬したわけではない。宗易は聡明であった。京都にも茶人は少なくはない。それなのになぜ堺からのみ、三人もの茶頭を、三千石で召し抱えるのか。宗易にはよくわかっていた。堺の富商たちは、鉄砲や火薬を造り、武具を造っていた。それらは、信長にとっては必要欠くべからざるものであった。僅

かに宗易の自尊心が満たされたのは、宗易の本業が納屋衆で、津田や今井のように、武器専門の商人ではないということであった。つまり、信長と直接武器によってつながっているのではなく、宗易は茶によって、純粋につながっているという誇りがあった。そうではあっても、自分が堺商人の一人でなければ、果たして信長は自分を茶頭として召し抱えようとしたかどうか、宗易は疑ってもいた。自然それが腹にあって、かえって宗易は気負わずに信長の前に出ることができた。

今、無事に妙光寺における茶の湯は終わった。客人が帰り、あとに残ったのは、信長と津田宗及、今井宗久、そして宗易であった。

寺の座敷に、四人が集まって話を始めた。

「殿、安土城は、五層七階とか伺いましたが……」

今井宗久が錆のある声で尋ねた。

「うむ。五層七階よ。これほどの城は、後にも先にも、ないものぞ」

信長は得意げに笑った。

「五層七階!」

津田宗及は城の姿を思い描くように宙をみつめてから、

「大そうなものでございますなあ」

と、相槌（あいづち）を打った。

「おう、一番下は穴蔵じゃ。その穴蔵の一階も含めて七階じゃ。そこでだ、そのほう共に聞いてみたいのじゃが、座敷の柱や鴨居（かもい）は、何色に塗ろうかと思っての」

「座敷の柱や鴨居でございますか」

津田宗及が首をひねった。宗易が尋ねた。

「して、襖（ふすま）や壁は？」

「襖や壁はのう、狩野永徳（かのうえいとく）に描（か）かせるつもりじゃ」

「狩野永徳でございますか。なるほど」

狩野永徳はまだ三十三歳だが、当代随一の絵師として、名が高かった。十年前既に、近衛家（このえけ）の座敷画を描いて名を成していた。

「狩野永徳のう」

今井も津田も唸（うな）るように言った。城内の襖も壁も、この永徳に描かせるとなれば、それだけでも莫大（ばくだい）な費用だと二人は思った。だが宗易は、狩野永徳の華やかな絵を胸に浮かべていた。

「何色がよいと思うな」

再び信長が尋ねた。

「黒がよろしゅうござりましょう」

宗易はためらいもなく言った。

「黒か」

驚いたように信長が言ったが、

「なるほど」

と、津田と今井が答えた。

「黒か」

再び信長が言い、

「はい、黒の漆塗りがよろしいかと存じまするが」

静かに宗易は答えた。今井宗久が言った。

「襖や壁が、永徳の華やかな絵じゃからのう」

「考えてみよう」

信長が言った。その時、宗易はふっと別のことを思った。

(黒の茶碗！　黒の茶碗は如何であろう)

宗易は真っ黒な、厚手の茶碗を想像してみた。黒い茶碗に、うす緑の茶が程よく白い泡を立てる。それは、宗易にはひどく美しいものに思われた。黒という色は、白にも増して清浄な色だと思った。

(よし、わしは黒の茶碗を作ってみよう)

久方ぶりに、胸に湧(わ)き立つような喜びを覚えた。と、そこに、思いがけなく一人の武士が入って来た。木下藤吉郎(きのしたとうきちろう)であった。宗易は既に藤吉郎を知っていた。

「猿(さる)か、何の用じゃ」

信長が上機嫌(じょうきげん)で言った。

「は、殿がここにおいでになられると伺いまして」

藤吉郎はにこっと笑った。

「して、何の用じゃ」

「安土城のことにつき、至急お伺いいたしたき儀がございまして」

藤吉郎はかしこまった。かしこまっても、目に愛嬌(あいきょう)のある男である。

「何じゃ、それでここまで追って来たのか。そちは、いつもながら、まめな男じゃ」

「恐れ入りましてございます」

藤吉郎は安土城の築城に与(あずか)っていた。

「では、私共は……」

今井宗久が引き退(さが)るべく両手をついた。

「ご苦労であった。宗易、また会おうぞ」

信長は、特に宗易の名を呼んだ。藤吉郎はその三人に丁寧に頭を下げ、わけても宗易に対して、親しみをこめた微笑を送った。宗易は、藤吉郎を見る度、常にたゆまず、倦(う)むことなく努力している男だという印象を受ける。今もそうであった。藤吉郎は主君の信長に会う時を、巧みに捉(とら)える男だと思った。

二

「お帰りなされませ」

玄関に迎えに出たのは、お亀(ちょう)であった。女中たちが、お亀のうしろにつつましく控えていた。

「うむ、今戻(もど)った。おりきは？」

いつもは必ず迎えに出るおりきの顔が見えない。

「お母様(かか)は、ちょっとお休みになっておられます」

お亀がにっこりとする。お亀が吉兵衛(きちべえ)の妻になって一年は過ぎた。が、宗易(そうえき)の目には、人妻というよりは、まだ幼い娘に見える。

吉兵衛とお亀との結婚は、ひょんなことから決まった。昨年春、堺(さかい)の納屋衆の一人

から、お亀を欲しいと言う話があった。話を持って来たのは今井宗久であった。いい話だと宗易は思ったが、お亀は、

「堺には参りませぬ」

と、きっぱりと断った。

「堺には参らぬ？」

宗易はそのお亀の言葉の中に、ひとつの抗議を感じた。お亀にとって、お稲のいる堺は決して住みよい所ではないのだ。そんなことのあった矢先、ある日おりきが宗易に言った。

「旦那さま。お亀に縁談のあった頃から、吉兵衛の様子が少し変わりました」

「何？　吉兵衛の様子が？」

宗易の本拠は堺である。常時京都にいるのではない。用があって都に上る時、滞在が長びくだけだ。だから、吉兵衛の様子に、宗易は気づかなかった。

「はい。食事が進みませず、顔色も悪く……」

「どこぞ病でもあるのではないか」

「いいえ、只の病とも思われませぬ。吉兵衛は生来、いらだつ子ではありませぬ。それが妙にいらいらとして……」

「なるほど。お亀の縁談に関わりがあると、おりきは言うのじゃな」

おりきはうなずいて、

「はい。このようなこと、おねがい申し上げては如何かと存じましたが、旦那さま、吉兵衛に代わっておねがい申し上げます。お亀を吉兵衛に頂けませぬものでござりましょうか」

おりきは両手をついて、深く頭を下げた。宗易は膝を叩いて、

「なるほど、それは名案というもの。なぜそれに、わしとしたことが気づかなかったのであろう」

と言い、

「おりき、あの二人は本当の兄妹のように、余りに仲がよい故、夫婦にさせることには思いが至らなんだ。だが、確かにあの二人は赤の他人じゃ。男と女じゃ。わしの娘とそなたの息子が縁を結ぶ。これ以上の良縁がどこにあろうぞ」

宗易はしっかとおりきの手を握った。

「では、旦那さま、おゆるし下さりますか」

「ゆるすもゆるさぬも、これ以上の縁はどこにもない。礼を言うぞ、おりき」

宗易は晴れ晴れとした笑顔をおりきに向けた。宗易にとって、お亀は手放し難い娘

であった。既に二年前祖母のおきんも死に、お亀には宗易のみがあるだけであった。母も祖母も失って、兄弟もないお亀に、不憫がつのって、宗易はその将来に心を痛めていた。

出来ることなら、どこにも嫁がせず、いつまでも手元に置いておきたかった。それが、おりきの息子吉兵衛と結ばれるのであれば、手元に置くのと同様である。しかも吉兵衛は、愛するおりきの息子なのだ。

「おりき。これでわしとそなたとの縁は、いよいよ固くなったのう」

「ほんに、ありがたいことでございます。吉兵衛が、どんなに喜びますことやら」

「お亀はまさか、否とは言うまいの」

「はい、吉兵衛になら、否とは申しますまい」

果たして、宗易がお亀に吉兵衛のことを告げた時、お亀は真っ赤になって小袖で顔を覆い、

「よろしいように」

と、答えたのだった。

今、吉兵衛夫婦はおりきと共に住んでいた。この吉兵衛たち夫婦のために、宗易は大徳寺の傍に、新居を築きつつあった。

「して、おりきはどこか具合が悪いのか」

玄関に出たお亀に宗易は尋ねた。

「はい、少し……」

お亀の口もとに微笑が浮かんだ。意味ありげな微笑である。

（もしや……）

宗易は急いで、おりきの寝ている部屋に行った。

「ま、お帰りなされませ。お迎えにも出ませず……」

布団(ふとん)の上に襟(えり)もとをかき合わせたおりきの姿は、四十を過ぎた女には見えなかった。

「よいよい。そのまま寝ているがよい」

「申し訳もござりませぬ。して、今日のご首尾は？」

おりきは、妙光寺での茶会の首尾を尋ねた。

「うむ、上々じゃ。信長殿はえらいご機嫌でのう。安土(あづち)城内に、わしの邸宅も建てると仰せられたわ」

「まあ！　城内にお屋敷を」

「そうじゃ。しかし、だからと言って城内に常駐しなければならぬわけではない。必要な時のみ出仕すればよいのじゃ」

「では、この家には……」

「いつも戻って参る。心配するでない」

宗易はやさしくおりきをいたわり、

「それより、そなたの具合は？」

と、おりきの顔を見守った。宗易は、おりきが少しでも体の調子が悪いと、たちまち不安に襲われるのだ。それは、おりきが伝説の中の女のように、あまりにも美し過ぎたからである。ある朝、ふと目を覚ました時、その姿がかき消えて、天に帰ってしまっているのではないか。そんな思いを抱かせるほど、おりきは匂（にお）やかな、そして清らかな女性（にょしょう）であった。

「はい、少し胸が……」

と、涼しい目が宗易をみつめ、そしてその黒いまつ毛を伏せた。

「出来たのじゃな、おりき」

おりきは静かにうなずいた。

「そうか。でかしたぞおりき。大事にするがよい、大事にな」

宗易は喜んで言った。

「ありがとうございます」

おりきは布団の中から宗易を見上げた。

「お亀にはまだ、出来ぬようじゃの」

宗易の言葉に、おりきは、

「はい」

「わしらは若い者に、まだまだ負けを取らぬのう」

宗易は愉快そうに笑った。おりきは頬を赤らめた。

「わしが五十四、そなたが四十三か」

感慨深げに宗易は呟いた。が、話題を変えて、

「ところでおりき、わしはおもしろいことを考えついたぞ。何かわかるか」

宗易の目がまだ笑っている。その宗易をみつめながら、

「はい、茶の湯のことでござりましょう」

と聡明なまなざしである。

「そうじゃ、茶の湯のことじゃ、さすがはおりきじゃ」

「茶の湯のことをお話しなさる時のお顔は、ちがっておりまする」

「そうか。しかし、そなただからこそ、わしの心を見破ってくれるのじゃ」

宗易はちらりと、妻のお稲を思った。お稲は近頃、ほとんど床を離れることはない。

いつも眉をしかめて煎じ薬を飲んでいる。宗易が外から帰っても、うれしそうな顔を見せない。そのお稲を、宗易は哀れにも思う。が、お稲が気鬱になったそもそもは、三好長慶の死にあった。異腹とはいえ、お稲に取って兄三好長慶は、心の拠り所であった。その拠り所を失って、お稲は陰気な病に取りつかれたのである。お稲が長慶を心の拠り所としたのは、単に長慶が兄であったからではない。武将であったからなのだ。

（もし長慶殿が一介の町人であったとしたら……）

あれほどお稲は、兄の死を悼むことはなかったと宗易は思う。お稲は、その武将の妹であることが誇りであったのだ。そうしたお稲の生きざまを、何としても宗易は受け入れることができないのだ。長慶という男を、武将としては宗易も好ましく思ってはいた。

（だが、お稲はおりきとはちがう）

つくづくと宗易はそう思う。おりきは、三好長慶をも凌ぐ勢いを持つ松永久秀の妻になることをさえ拒んだ。長慶の弟三好実休の側室になることも拒んだ。そうした、凜としたおりきの気性は、武将嫌いの宗易には、ひどく好ましく思われるのだ。しかもおりきは、この町人の自分を思って、実休や久秀を斥けつづけた。そのことを思えば思うほど、宗易の心はおりきに傾くのだった。

(お稲の前では、茶の湯について語ることはできない)

そう思いながら、宗易はおりきに尋ねた。

「では、おりき。茶の湯の何について考えたか、わかるかのう」

「わかりませぬが、旦那さまのこと故、あっという新工夫ではございませぬか」

おりきは、その夫宮王が生きていた頃から、少なからず茶に興味を抱いていた。宮王に茶の湯を習っていたし、その後も怠らず稽古はつづけていた。そして、わが子吉兵衛をも茶人への道を歩ませつつあった。その矢先、宗易と巡り会い、おりきも吉兵衛も茶の湯の道に一層精進したのである。

宗易は、妻お稲が、もともと茶の湯を嫌っていたので、おりきが茶の湯に精進することを喜んだ。むろん、茶の湯の会に女が参席できる世ではない。だから、どれほど精進したとて、人前で茶を点てるということはなかった。

だが、宗易は茶の湯に生きる者として、茶の湯について語れるおりきと共にあることは、大きな喜びであった。しかもおりきには、生来与えられている勝れた鑑賞眼があった。茶室に飾る花を、おりきは心憎いばかりに活けた。道具の一つ一つについて、何げなく語っている時でも、宗易がはっとするような言葉が、おりきの口から出るのである。例えばおりきが、茶碗の形が少し気に染まぬと言う時、それは心ひそかに宗易の思っているところと同じであった。また、道具をほめる時も、そのほめ所が宗易と一致することが多かった。

(何と優れた女性よ)

宗易はその度に舌を巻き、その度におりきを誇らかに思うのであった。

今も宗易は、自分が語ろうとすることに、期待に満ちたまなざしで耳を傾けているおりきを見て、心が躍った。

「実はのう、茶碗の色を思いついたのじゃ」

「茶碗の色?」

「そうじゃ。あり来りの色ではない」

「まあ! いかなる色でござりましょう?」

おりきは興深げに、考える目になった。

「いかなる色だと思う」

おりきは宗易の持っている茶碗を一つ一つ思い出してみる。唐物もある。高麗物もある。古瀬戸もある。天目もあれば珠光茶碗もある。

「見当はつきませぬけれど……」

と、にっこりしてから、

「もしや、黒では……」

「黒じゃ！　その黒じゃ」

驚いて宗易はおりきの手を揺さぶった。

「まあ！　黒でございますか」

おりきは思わず布団の上に起き上がった。

「黒じゃ。さすがはそなた。しかし、何でそなたはわしの胸のうちが、それほどまでに見えるのじゃ」

「いいえ、見えませぬ。まぐれ当たりでございます」

おりきは自分の言った色が当たったことに狼狽していた。当ててはならなかったのだ。宗易の新工夫は、宗易一人のものでなければならなかったのだ。言い当てられては、新工夫をした宗易の喜びは失せるのではないか。おりきはそれを恐れた。

「いや、おりき、まぐれではない。そちとわしとは、もはや一体なのじゃ。思うこと、感ずること、それが一つだという何よりの証拠なのじゃ」

宗易は喜んでそう言った。これが、今井宗久や津田宗及に、茶碗の色を当てられては、宗易も落胆したにちがいない。だが、ほかならぬおりきが、同じ色を言い当てたことを、宗易は率直に喜んだ。

「どうじゃ、黒は？」

勢いこんで宗易は言った。

「美しゅうございます」

「美しいと思うか、黒が」

「はい。茶碗は茶を点てて飲むもの、黒に茶の緑は、さぞ美しかろうと、心が躍るようでございます。さすがは旦那(だんな)さま。黒とはすばらしい色をお考えになられました」

「そうか。そう思ってくれるか。そなたは大した目利(めき)きじゃ。わしも舌を巻く」

宗易は目を細めた。

「それでは、そのうち、長次郎にひとつ焼かせてみよう」

宗易は満足げであった。

「それがよろしゅうございます。長次郎なら、どっしりと大らかな黒茶碗を作ってくれることでございましょう」

長次郎は、六十を過ぎた陶工であった。以前は瓦(かわら)職人であったが、宗易が手造りの楽(らく)茶碗を長次郎に教えた。長次郎は宗易の意図するところを汲(く)んで、宗易の満足する茶碗を注文に応じて作った。宗易も長次郎を尊重して、千家の元の姓、田中を長次郎に与えて、田中長次郎と名乗らせていた。

「そうじゃ、吉兵衛たちの家の新築祝いに、この黒茶碗を贈ろうか」

宗易は再び満足げに言った。

「お父様」

襖の外でお亀の声がした。

「何じゃ？　お亀？」

「はい。堺のお兄さまが、只今お着きにございます」

「おう、与之介か」

宗易はすぐに立ち上がり、

「おりき、大事にするがいいぞ。よい子を産むのじゃ」

と、廊下に出た。おりきは静かに横になった。もう起きれば起きられるような気がする。堺から来た与之介に顔を出さねばならぬと思う。だが今朝から胸がむかついて、ろくに食事も取ってはいない。

「与之介どの」

おりきは小さく声に出して言った。与之介はおりきにとって、不思議な存在であった。与之介はお稲の産んだ男子なのである。だが、与之介と向かい合っていて、一度としておりきは、与之介の中にお稲を感じたことはない。むしろ、宗易を感ずる。今年、三十歳の吉兵衛と同じく、与之介もまた三十歳であった。宗易に似た、たくましい体つきの、そして才気ある男であった。

おりきが宗易と結ばれてから初めて与之介にあったのは、その半年後であった。その時のことを、おりきは今も忘れてはいない。宗易と共におりきを訪ねた与之介は、その大きな目をおりきに注いで言った。

「少しも変わってはいられませぬな、おりきどの」

既にその時、与之介は二十五歳であったから、一人前の大人である。おりきどのと呼ばれても、不思議はない筈であった。が、それがおりきには心にかかった。確かに与之介には、おりきどのとしか呼びようがなかったのかも知れない。だがおりきは、与之介があの時あえておりきどのと呼んだような気がした。それは、与之介の一つのけじめであったような気がする。父宗易の女に対して、心の底に、何か決意のようなものを秘めて、あのように呼んだような気がする。呼ばれた途端、おりきは未だ曾てないうしろめたさを感じた。

(あれは一体、なぜであったろう)

以来今日まで五年の間、おりきは与之介に会うごとに、そのうしろめたさを新たにされるのである。与之介は決して、咎めるまなざしをするのではない。むしろ思慕にも似た激しいまなざしを見せることもある。その与之介に対すると、なぜ、ふだん薄れているうしろめたさが甦るのであろう。

(与之介どのに、風呂をたてて上げねばなるまい)

おりきはふらふらと立ち上がった。そして、ふっと腹部に手を当てた。

呪

一

「お稲、今日はどうかの」

宗易はお稲の枕もとに坐った。お稲が珍しくにっこりと笑った。今年十月の末、おりきの家に紹安が父の宗易を訪ねた。その時の事を思い浮かべながら、宗易は今お稲に言葉をかけた。あの日、紹安は宗易の顔を見るなり言った。

「父上、至急に堺に戻って頂きとうございます」

紹安の目が暗かった。

「何じゃ。何ごとか起こってか」

堺を離れて、ひと月近く経っていた。が、宗易は堺のことを案じてはいなかった。店は紹安と主だった者たちに一切委せてあって、何の心配もない。

「実は母上が……」

「何？　お稲が？」

お稲は気鬱だが、近頃は床を離れることも多くなって来たと、つい先日紹安の手紙で読んだばかりであった。

「はい。何やら母上が哀れに思われてなりませぬ」

「哀れに？」

宗易は問い返したが、胸に浮かんだお稲は、陰気に押し黙った妻であった。宗易が言葉をかけても、にこりともしない。そのお稲に、宗易は心を痛めながら、うとましい思いは、大きくなるばかりであった。

が、息子紹安の口から「哀れ」という言葉が出た時、宗易は自分が堺を離れ過ぎていたことに気づいた。紹安は強気な男である。一生妻を娶らぬと言い切っている男である。齢も少庵（吉兵衛）と同じ三十歳である。その紹安が、わざわざこの一事を告げたさに、京までのぼって来たのだ。その心のうちを宗易は一瞬にして察した。紹安は男として、父とおりきの仲を許していた。おりきに対して、いささかのこだわりも見せなかった。そして、実母お稲に対する批判も失ってはいなかった。到底情におぼれる人間には見えなかったが、その母を「哀れ」と言ったのは、よほどの思いであると、宗易は悟った。そして、紹安にそう言わせるお稲の朝夕であることが、推しはかられた。

「わかった。明日帰ろうぞ」

「お帰り下さりますか」

紹安がほっとしたように言った。自分でわざわざ迎えに来たのは、あるいはこの自分がやすやすと腰を上げまいと思ってのことかも知れない。宗易はそう思ったから、翌日堺に向かって発(た)つと返事をしたのだった。

お稲は、思ったより元気であった。が、決して笑顔は見せなかった。家に戻った宗易の顔を、不思議そうにしばらく眺(なが)めていただけだった。

あれから二カ月――。今、初めてお稲は宗易を見て笑ったのだ。長い間お稲の笑顔を忘れていた宗易は、その笑顔に胸を突かれた。笑えば、お稲もまた愛しさの湧(わ)く女であった。

「おう！ 今日は気分がよさそうじゃの」

お稲がまた、にこっと笑った。

「ひとつことを思いつめるでないぞ。同じことをくり返し思うと、心が凝り固まってしまうでの」

三度お稲は笑顔を見せた。と、宗易は不安になった。昨日まで、凍りついたような顔をしていたお稲が、なぜこのように変わったのか。それはよいことなのか、悪いことなのか。宗易にも見当がつかない。

「よい日和じゃ。師走に入ったとも思われぬ」

「師走？」

訝しそうにお稲は宗易を見た。

「そうじゃ、師走じゃ。早いものよのう」

お稲が目をつむった。横臥している顔には、五十歳とは思えぬあどけなさがあった。長女のおゆうが一番お稲に似ていると、宗易は思った。次女のお袖は小造りな顔立ちで、目も口も鼻も、他の娘より小さい。だがおゆうは、お稲譲りの派手な顔立ちだった。三女のおぎんは、器量よしの四女おこうに、更に品を加えた美しさがあった。四人とも、それぞれに嫁いでいて、家の中は妙に淋しい。今の宗易にとって、おりきの家のほうが、お亀もいて、いかにもわが家という安らぎがあった。

「紹安も、いつまで独りでいるつもりなのかのう」

障子にきわやかな影を落として楓の木が動かない。宗易はその影に目をやりながら、

(紹安の奴……)

と、口の中で呟いて、微笑を浮かべた。

昨夜、紹安と食事をしている時だった。宗易が紹安に言った。

「少庵もなかなかの腕前になったわ。一度、お前も少庵の点前を見て、見習うべきところは見習ってはどうか」

紹安の箸がぴたりと止まった。その向こう気の強い紹安の眉がぴりりと上がった。

「父上、少庵を見習えと仰せられますか」

「うむ」

「まっぴらにござります。少庵に習うべきことは、一つでもござりましょうか。この紹安に」

宗易は、心中思わず、

(こ奴!)

と笑った。

宗易は満足したのである。少庵は宮王とおりきの血を引いて、茶の湯の進歩も早かった。が、あまりに繊細であり過ぎた。性格も温和である。一度も紹安のような気魄を示すことがなかった。そこに宗易は、少庵の茶を楽しみながらも、幾分の不満があった。

だが、紹安には、少庵に欠けていた気魄があった。それが宗易を、自分でも思いがけぬほどに喜ばせたのであった。

そして今朝、宗易は紹安に亭主をさせ、二人で茶を飲んだ。紹安に亭主を勧めさせたのは、半年ぶりのことであった。共に多忙で、親子揃ってゆっくりと茶室にこもることがなかったのだ。昨夜の言葉もあってか、紹安の亭主ぶりは宗易をうならせた。

後に家康が、

「そちの点前は、利休とよう似ておる」

と感歎したといわれるだけに、その天稟の資質は開花していたのである。

(わしよりも剛胆な茶を点てる)

少庵には決して見られぬ線の太さが紹安にはあった。

「なるほど、立派なものじゃ」

かつて誰にも与えなかった心からの賞讃を、宗易は紹安に与えた。そして心のうちで思った。

（わしの茶の湯を嗣ぐのは、この紹安じゃ）

しかし宗易は知らなかった。紹安と少庵が、なぜ不和なのか。二人の間がしっくりいっていないことは、傍目にもわかった。少庵のいる部屋に、紹安は決して入ろうとしなかったからだ。そんな紹安に、少庵は辞を低くしていた。

「気性が合わぬのじゃな」

一度宗易はおりきにそう言ったことがある。その時おりきは、只黙ってうなずいていた。が、おりきは知っていた。紹安がなぜ少庵を嫌うのか。紹安はいつくしんでいたお亀を、少庵に奪われたと思っていたのである。そして少庵とお亀の結婚が、紹安の結婚を遅らせてもいた。父宗易とおりきの間は認めながら、異腹の妹お亀と少庵の間を紹安が認めまいとすることに、おりきは紹安の屈折した心情を感じ取っていた。そして結局は、紹安はお稲の血を引いた人間なのだと、おりきは思わずにはいられなかった。

目をつむっていたお稲が、不意に言った。

「紹安は、わたしが死ぬまで、娶りはいたしませぬ」

「何？　そちが死ぬまで？」

宗易は、お稲の言葉が先程の自分の言葉、

「紹安も、いつまで独りでいるつもりなのかのう」

と言った言葉に対する、返事だと気づくまでに少しの時間を要した。

「はい、わたくしが死ぬまで……」

「なぜそんなことを言う」

「なぜでもありませぬ。わたくしにはそれがわかるのでござります」

「………」

「だからわたくしは、早く死んだほうがよいのでござります。わたくしが生きていては、邪魔になるのでござります。みんなの邪魔に……」

声は沈んでいたが、口もとには微笑を浮かべていた。それがひどく澄んだものに思われて、宗易は思わず、はっとした。

「馬鹿(ばか)を言え。誰がそちを邪魔者に思っている」

「誰も彼もでござります。おゆうも、お袖も、おぎんも、おこうも、紹安も、旦那(だんな)さまも……そして、京のあの人も……」

ゆっくりとした語調で、声にも抑揚がなかった。

「邪推をしてはならぬ。わしが邪魔にしているなら、とうに離縁をしているわ」

「離縁……」

お稲は静かに宗易を見て、淋しそうに笑った。何を言っても、微笑する今日のお稲に、宗易は無気味なものを感じた。

「旦那さま、近いうちに、わたくしもあの男と共に、世を去るにちがいありませぬ」

「あの男？　あの男とは誰じゃ、お稲」

「はい。兄三好長慶を亡ぼしたあの男。あの男とわたくしは、同時に世を去るにちがいありませぬ」

「何じゃ、松永久秀のことを言っているのか」

「はい。この頃夢に、よう兄が出て参ります。そして、早く来い、早く来いと、わたくしを招くのでございます。すると、松永奴が、必ず幻のように現れ、消えていくのでございます」

「お稲、それは夢じゃ。お稲が松永を呪っているから見る夢じゃ」

「呪う？」

お稲が妙な微笑を浮かべた。

「そんなことより、どうじゃ、少し起きて冬の日を浴びてはみたくないか」

宗易が障子のほうをふり返った。閉ざされた障子に、日があくまでも明るい。

「起きましょう。起きてみましょう」

素直にお稲が言った。素直に言われると、宗易にもひとしおお稲が哀れに思われる。

「どれ、起こして進ぜよう」

宗易がお稲の肩に手をかけた。若い頃にくらべると、少し肉は落ちたが、それでもまだ豊かな肩であった。

宗易はゆっくりとお稲を抱き起こした。お稲は身づくろいをし、そっと立ち上がった。静かに、畳を擦るような歩み方だが、足もともしっかりしている。

「お稲、大丈夫じゃ。少しこの部屋から出て歩きまわると、すぐにもとのお稲に戻(もど)る」

「さようでござりましょうか」

宗易が障子をあけると、お稲はぬれ縁に出た。珍しく風もなく、冬日とは思えぬあたたかさであった。その冬日の下に、お稲の顔は青白かった。

お稲はぬれ縁に坐(すわ)って、庭を眺めた。松の木の傍(かたわ)らに椿(つばき)の花が幾輪か赤く咲きほころびている。目を上げると、雲ひとつない青空であった。

「どうじゃ、気持ちがよいであろうが」

お稲はうなずいた。

「しばしここで坐っているがよい」

宗易は、少しでもお稲にやさしくしてやりたかった。久しい間、お稲をうとんでいた自分が顧みられてならなかった。宗易はお稲の寝ていた布団の乱れを直すために、部屋に戻った。お稲は無心に空を仰いでいる。

（もともとは、哀れな女なのじゃ）

長慶の父元長の妾腹の子として生まれたお稲は、生来孤独であった。孤独であればこそ、腹ちがいとはいえ、兄長慶を慕っていたのだ。それが少し度を過ぎ、武将嫌いの自分の癇に障ったのだ。何もかも過去のことだと、今宗易は思った。

宗易がそう思った時だった。宗易は布団の下から少しはみ出た紙を見た。宗易は何げなく手に取った。紙は二つに折られている。それをひらいた途端、宗易の顔色がさっと変わった。紙には、童子の姿が描かれてある。そしてその右肩に、「呪」という一字が記されてあった。宗易の手がふるえた。宗易はおりきの産んだ男の子をこよなく愛しんでいた。そしてその子が死んだ時、宗易は初めて己が子を失った悲しみの、限りない深さを知った。その悲しみはいまだに宗易の胸から消えてはいない。この童子の絵と、「呪」の一字は一体何であろう。宗易は、ぬれ縁にいるお稲を見た。お稲は首をかしげて、椿の花を眺めていた。

「お稲！」

怒鳴りつけようと思った声を、宗易はのんだ。罪もない子を呪わずにはいられない女の業を、そのうしろ姿に感じたからだ。

先程、お稲が、

「呪う？」

と言って、妙な微笑を浮かべたことが、思い合わされた。

と、その時、お稲が背を向けたまま言った。

「旦那さま、あの京のお人は、また妊られましたそうな」

静かな声だが、宗易はぞっとしてお稲をみつめた。

（お稲はまた……）

おりきの胎児を呪うのではないかと、恐れたのであった。

二

天正四年二月、信長は安土城に移った。宗易の屋敷も、その城内に建てられる予定であった。安土城に伺候しての帰り、宗易は四カ月ぶりに、おりきのもとに行った。

おりきはしかし、いつものおりきとちがっていた。

「ご機嫌よう」

言葉少なくおりきは頭を下げた。が、その表情が固い。

「どうしたのじゃ。妙に元気がないではないか。腹のやや子に、障りでもあってか」

宗易はおりきの腹のあたりに目をやった。

「いいえ、やや子には何の障りもござりませぬ」

もううす暗くなった夕べの部屋の中に、おりきは肩を落としてうつ向いていた。が、立ち上がると、火打ち石で灯芯に火をつけた。おりきはその灯をじっと眺めている。

「何じゃ。長く堺にいた故、機嫌を損ねたか」

「まあ！　旦那さま、そんなことはござりませぬ」

おりきは宗易を見た。

「今度は少しゅっくりと都にいる故、機嫌をなおすのじゃ」

宗易にはおりきのすべてが、類ないものに思われる。かげりある今の顔でさえ、見あきぬ美しさに思われて、宗易はおりきの手を取ろうとした。と、おりきは静かに退いて、

「旦那さま、どうぞおゆるしくださりませ」

と、両手をついた。

「ゆるす？　何をゆるすのじゃ」

「はい……」

「何をゆるせと言うのじゃ」

「はい」

うつ向いていたおりきは、思い切ったように顔を上げて、

「旦那さま。何もお尋ね下さいますな。そしてこのまま、堺にお戻り下さりませ」

「何？　このまま堺に戻れ？」

「さようでござります」

「おりき、そちの頼みとあらば、わしは万に一つも否とは言わぬ。が、たった今、この家に来たばかりのわしに、すぐに帰れとは……一体いかなることじゃ」

おりきの形のいい口もとがかすかに動き、そのまま閉ざされた。

「おりき、わしとそなたの仲じゃ。何なりと腹蔵なく言ってみるがよい」

「…………」

「では、わしが言ってやる。お稲から何ぞ耳に障ることを言って来たのではないか」

「いいえ、それは……」

おりきは、はっきりと首を横にふった。その顔に嘘偽りはなかった。

「では、一体どうしたことじゃ？」

「旦那さま。わたくしの心のうちは、誰よりも旦那さまがようわかっておられます。けれど……旦那さま。再びお目にかかってはならぬと、りきは……」

「何!? 再び会わぬ？ おりき、一体何が起きたと言うのじゃ。おりきの言葉とはいえ、それだけは聞き捨てならぬ」

さすがの宗易も顔色を変えた。

宗易にとっておりきは、美であった。美のすべてであった。と、同時に、知恵でもあった。おりきの聡明さは、宗易に、今までにない楽しさを与えてくれた。そしておりきは、豊穣そのものであった。優しく豊かな心、それはかつて一度も他の女性に見たことのないものであった。おりきこそ、宗易の掌中の玉であった。そのおりきが、突如、再び会わぬと言い出したのだ。

宗易は、お稲の枕の下にあった童子の絵と、「呪」の一字を思い浮かべた。

（おりきは、お稲を恐れている）

宗易は思った。呪いを世の人々は恐れている。大宮人と雖も、武将と雖も、人々は呪いの恐ろしさを信じている。ましてや女の身、先に一人を失い、今妊っているおりきにとって、呪いを恐れぬ筈はない。

宗易はやさしく言った。

「おりき、呪いなど、気にすることはないぞ」

「呪い？　でござりますか」

「そちの恐れているのは、腹のやや子を呪われはせぬかということではないか」

「いいえ……そんな」

見上げたその目のうちに、お稲を恐れる色はなかった。

「おりき、では一体何があったというのじゃ」

宗易は故知らぬ不安に駆り立てられる思いがした。まさか松永久秀の手が伸びているとは思われぬ。信長に随順している久秀にとって、茶頭の宗易は、次第に侮り難い存在になっている筈である。

しばらくうつ向いていたおりきは、吐息を一つ洩らすと、静かに口をひらいた。

「旦那さま、旦那さまのおゆるしもなく、りきは……キリシタンの教えを受けたのでござります」

思いがけない返事であった。

「何!?　キリシタンとな」

「はい。ルイス・フロイスさまの……」

「ルイス・フロイス……その教えを受けたのか」

ルイス・フロイスは、今から十年前、ガスパル・ビレラと共に、三好義継のため、京都から追放されたが、それから四年目の永禄十二年、信長によって京の居住を許されたのであった。そして、京の都には、次第にキリシタンの教えが広まりつつあった。

「はい。申し訳もございませぬ。み仏の教えを受けている身でありながら……」

おりきには宗恩という号さえある。茶の湯を宗易に学んでいたおりきは、禅をも学んでいた。

「キリシタンのう……。だがたとえおりきがキリシタンになったとて、わしと離れる必要はあるまい」

「はい。でも……」

おりきは口ごもった。

おりきは何年前からか、時折キリシタンの辻説法を巷で見かけてきた。が、その傍に行って耳を傾けようとしたことはなかった。それが、宗易との間に出来た子を失って以来、おりきの心の中は、うつろであった。宗易の前には、その深い歎きを見せようとしなかったが、そうすればするほど、おりきの心のむなしさは広がるばかりであった。そんなある日、おりきはまたしても町角にキリシタンの辻説法を見た。異人を見るというだけで、集まる人々も多く、結構その場は賑わっていた。おりきは藁をもつかむ思いで、その人垣の傍らに近寄って行った。その時、通辞の者が声高く説いていた。

「お集まりの方々、人は死んでどこに行くか、それを知っておられるか」

その言葉に、おりきは思わず耳を傾けた。フロイスが語りはじめた。その言葉は、わからなかったが、通辞がそれを再びわかりやすく伝えた。

「人間の死は、それで決して最後ではありませぬ。吾々の救い主キリストは、死んで三日目に復活なされました。吾々人間はすべて罪人でありますが、キリストの十字架による罪の贖いと、キリストの復活を信ずる者は、甦って永遠の命を頂けるのでござります」

俄かには信じ難い教えであった。そして聡明なおりきにも、この言葉を聞いただけでは、十字架の贖いがどういう意味のものか、すぐには理解できなかった。だが、

「死んだ者が甦って永遠に生きる」

と言う言葉だけは、おりきの胸に刻みこまれた。

(死んだ者が甦る。そんなことがある筈はない)

帰る道々、おりきは心のうちに幾度か呟いた。にもかかわらず、その言葉が胸のう

ちに頭をもたげてくるのである。

おりきは、禅においては、「一切無である」と聞かされてきた。一切は無であるから生もない。生のないところには死もない。そう悟るべきだと聞かされるのだが、おりきの心のうちに、死んだ子の面影が何としても残っている。膝に抱いた時の柔らかい感触が、未だに忘れられない。愛らしい片言が耳について離れない。にもかかわらず、再びわが子を見ることはできないのだ。おりきにとって、わが子は生きていた者であり、そして死んだ者であった。おりきは、一切を無と観じ得ない自分を、悟り切れぬ愚かな者として愧じてきた。いや愧じる以上に悩んできた。そんなおりきにとって、死んだ者が甦るというキリシタンの教えは、驚くべき教えであった。

（一旦死んだ者が甦る筈があろうか）

と、幾度打ち消してみても、

（もしや……）

と、何か打ち消し切れぬ思いが残る。おりきはもっと詳しくキリシタンの教えを聞きたいと、心ひそかに願うようになった。その矢先、おりきはまたしても妊ったのである。

その妊ったばかりのおりきの前に、紹安が訪ねて来た。宗易は紹安に言った。

「紹安、おりきがまたしても妊ったぞ」

その言葉を聞いた瞬間、紹安ははっと驚きの顔を見せたが、

「それはよろしゅうござりました。何卒お大事に」

と尋常な挨拶をした。が、その紹安の表情に、何かかげるものをおりきは見て取った。紹安は、母お稲の心のうちを思ったのである。しかしおりきも、紹安のそのかげりが何によるものか、知ることはできなかった。只そのかげりによって、産んではならぬ子を妊ったようなうしろめたさを、おりきは感じさせられたのである。

おりきは、腹の子は、死んだ子の生まれ代わりのように思われてならなかった。母の自分の歎きを慰めようとして、生まれてくるような気がした。そして、甦りとは、生まれ代わりのことのように思われもするのであった。

(よいお話を聞いて、妊ったのかも知れない)

悪阻が終わった頃、おりきは思い切って、キリシタンの会堂を訪れた。宗易が紹安と共に堺に帰ったあとである。会堂にひと足入って、おりきの目をひいたのは、幼子キリストを抱いたマリヤの像であった。マリヤの像は入り口のすぐ傍にあったからである。

「まあ!」

おりきは思わず声を上げた。マリヤに抱かれた幼子の愛らしさに、おりきは涙のこぼれる思いであった。そのふくよかな頰、小さな手と足、それが生きているかのように、造られている。

(この幼子は、一体誰であろう)

思いながら、おりきは息をつめてみつめた。そしてようやく、この幼子を抱く女の顔を見た。

「なんと、美しい……清らかな……」

おりきは目を見張った。その女の表情は、不思議におりきの心を安らがせた。

「この方が、あの方でございます」

信者でもあろうか、三十を過ぎた町家の女が近寄ってきて言った。

「あの方?」

女の指さす会堂の正面に、もう一つの像があった。それは十字架にかかったキリストの像であった。

「まあ! この幼子が、あのようなむごい最期を遂げたのでございますか」

驚くおりきに、女はつつましくうなずいて、

「さようでございます。あの方は、わたしたちの罪を負われて、十字架にかかられた

のでございます。罪もないお方が、わたしたちの罪を負ってくださりましたので、信ずる者はも早罪のない者として、天主(デウス)に受け入れられるのでございます」

と言った。

その日以来、おりきは度々キリシタンのミサに出るようになったのである。

今、宗易(そうえき)の前に口ごもっているおりきに、宗易が再び言った。

「そなたがキリシタンになったからとて、何も離れることはないではないか」

織田(おだ)信長はキリシタンを奨(すす)めこそすれ、禁じてはいない。おりきが、宗易から離れようとする理由が、宗易にはわからなかった。

「旦那(だんな)さま」

おりきは心を決めて言った。

「何じゃ」

「キリシタンには、十の誡(いまし)めがございます。その中に、姦淫(かんいん)をしてはならぬとの誡めがございます」

「それがどうした」

「旦那さま。わたくしも旦那さまも、その誡めを犯しているのでございます」

おりきは視線を伏せた。

「何？　姦淫をしている？」

宗易は驚いて問い返した。

「はい、わたくしは旦那さまの妻ではございませぬ」

「それが悪いのか」

「はい。キリシタンでは許されてはおりませぬ」

「馬鹿な。異国ではいざ知らず、この日本では帝を始め、大名も商人もそのほとんどが、妻以外の女性を持っているわ。それを悪いなどとは、僧も言わぬ」

「………」

「女性を多く持つほど甲斐性があると、人はほめこそすれ、くさしはせぬ」

「でも……」

「おりき、まさかそなた、このわしが悪いことをしていると思っているわけではあるまい」

「はい、旦那さま。わたくしはキリシタンの教えを聞くまで、自分が大きなあやまちを犯しているとは、夢にも思っておりませんでした。只、お稲さまの妬みが思われて、心にかかることはございました」

「では、今では、わしとそなたは罪を犯していると思ってか」

「………」

「わしとそなたは、お互いにお互いを、真実心の底から想っている。想い合っている者同士が結ばれたとて、何が悪い。わしにはキリシタンの教えが腑に落ちぬ」

「でも、旦那さま。キリシタンの教えを受ける人々は、一夫一婦が正しい姿だと信じております。他に女を持つことは、大きな裏切りでござります。あやまりでござります」

「おりき、そなたは本気でキリシタンの教えを信じているのか」

「はい。旦那さまとちがって、わたくしは女でござります。旦那さまとこのようになりましてから、わたくしは幸せでござりました。でも、目を上げて、お稲さまの前に出ることのできる気持ちでは、ござりませんでした。たとい世の人々が、うしろ指をささなくとも、心の底に晴れぬ思いがあったのは、確かでござります。それはなぜであったか。天主の法にもとったことをしていたからでござります。それがようやくわたくしにもわかったのでござります」

「それで、わしと別れると申すのか」

「………」

「おりき、そなたはわしと別れても、キリシタンの教えを信ずるというのか」

宗易は、きっとおりきを見据(みす)えた。おりきは必死に宗易を見て言った。

「別れとうはございませぬ。けれども、道にもとることも恐ろしゅうございます。天主(デウス)につき従わなければ……」

おりきは、その腹のあたりに手をやった。

「そなたは、やや子のことを、何ぞ重う考えているな」

「はい。死んだ子のことを考えます時、腹のやや子が心にかかってなりませぬ。わたくしの科(とが)を、もしやその身に受けるのではないかと」

宗易は膝に手を置いてじっと考えていたが、

「わかった。おりき、安心して子を生むがよい。その子が生まれるまで、わしはそなたと一つ部屋には臥(ふ)さぬ。それならば、わしがこの家に来てもよいのであろう」

「申し訳もございませぬ」

おりきはほっとして微笑した。


（下巻につづく）

三浦綾子著

塩狩峠

大勢の乗客の命を救うため、雪の塩狩峠で自らの命を犠牲にした若き鉄道員の愛と信仰に貫かれた生涯を描き、人間存在の意味を問う。

三浦綾子著

道ありき
―青春編―

教員生活の挫折、病魔――絶望の底へ突き落とされた著者が、十三年の闘病の中で自己の青春の愛と信仰を赤裸々に告白した心の歴史。

三浦綾子著

この土の器をも
―道ありき第二部 結婚編―

長い療養生活ののち、三十七歳で結婚した著者が、夫婦の愛とは何か、家庭を築くとはどういうことかを、自己に問い綴った自伝長編。

三浦綾子著

光あるうちに
道ありき第三部信仰入門編

神とは、愛とは、罪とは、死とは何なのか？人間として、かけがえのない命を生きて行くために大切な事は何かを問う愛と信仰の書。

三浦綾子著

泥流地帯

大正十五年五月、十勝岳大噴火。家も学校も恋も夢も、泥流が一気に押し流す。懸命に生きる兄弟を通して人生の試練とは何かを問う。

三浦綾子著

天北原野
(上・下)

苛酷な北海道・樺太の大自然と、太平洋戦争を背景に、心に罪の十字架を背負った人間たちの、愛と憎しみを描き出す長編小説。

三浦綾子著 細川ガラシャ夫人（上・下）

戦乱の世にあって、信仰と貞節に殉じた悲劇の女細川ガラシャ夫人。清らかにして熾烈なその生涯を描き出す、著者初の歴史小説。

三浦綾子著 広き迷路

平凡な幸福を夢見る冬美に仕掛けられた恐るべき罠――。大都会の迷路の奥に潜む、孤独と欲望とを暴き出す異色のサスペンス長編。

三浦綾子著 夕あり朝あり

天がわれに与えた職業は何か――クリーニングの〔白洋舎〕を創業した五十嵐健治の、熱烈な信仰に貫かれた波瀾万丈の生涯。

白洲正子著 日本のたくみ

歴史と伝統に培われ、真に美しいものを目指して打ち込む人々。扇、染織、陶器から現代彫刻まで、様々な日本のたくみを紹介する。

白洲正子著 西行

ねがはくは花の下にて春死なん……平安末期の動乱の世を生きた歌聖・西行。ゆかりの地を訪ねつつ、その謎に満ちた生涯の真実に迫る。

白洲正子著 いまなぜ青山二郎なのか

余りに純粋な眼で本物を見抜き、あいつだけは天才だ、と小林秀雄が嘆じた男……。末弟子が見届けた、美を呑み尽した男の生と死。

遠藤周作著　白い人・黄色い人

芥川賞受賞

ナチ拷問に焦点をあて、存在の根源に神を求める意志の必然性を探る「白い人」、神をもたない日本人の精神的悲惨を追う「黄色い人」。

遠藤周作著　海と毒薬

毎日出版文化賞・新潮社文学賞受賞

何が彼らをこのような残虐行為に駆りたてたのか？　終戦時の大学病院の生体解剖事件を小説化し、日本人の罪悪感を追求した問題作。

遠藤周作著　留　学

時代を異にして留学した三人の学生が、ヨーロッパ文明の壁に挑みながらも精神的風土の絶対的相違によって挫折してゆく姿を描く。

遠藤周作著　母なるもの

やさしく許す〝母なるもの〟を宗教の中に求める日本人の精神の志向と、作者自身の母性への憧憬とを重ねあわせてつづった作品集。

遠藤周作著　彼の生きかた

吃るため人とうまく接することが出来ず、人間よりも動物を愛し、日本猿の餌づけに一身を捧げる男の純朴でひたむきな生き方を描く。

遠藤周作著　砂の城

過激派集団に入った西も、詐欺漢に身を捧げたトシも真実を求めて生きようとしたのだ。ひたむきに生きた若者たちの青春群像を描く。

幸田文著　父・こんなこと

父・幸田露伴の死の模様を描いた「父」。父と娘の日常を生き生きと伝える「こんなこと」。偉大な父を偲ぶ著者の思いが伝わる記録文学。

幸田文著　流れる　新潮社文学賞受賞

大川のほとりの芸者屋に、女中として住み込んだ女の眼を通して、華やかな生活の裏に流れる哀しさはかなさを詩情豊かに描く名編。

幸田文著　おとうと

気丈なげんと繊細で華奢な碧郎。姉と弟の間に交される愛情を通して生きることの寂しさを美しい日本語で完璧に描きつくした傑作。

幸田文著　木

北海道から屋久島まで訪ね歩いた木々との交流の記。木の運命に思いを馳せながら、鍛え抜かれた日本語で生命の根源に迫るエッセイ。

幸田文著　きもの

大正期の東京・下町。あくまできものの着心地にこだわる微妙な女ごころを、自らの軌跡と重ね合わせて描いた著者最後の長編小説。

幸田文著　雀の手帖

「かぜひき」「お節句」「吹きながし」。ちゅんちゅんさえずる雀のおしゃべりのように、季節の実感を思うまま書き留めた百日の随想。

瀬戸内寂聴著

夏の終り

女流文学賞受賞

妻子ある男との生活に疲れ果て、年下の男との激しい愛欲にも充たされぬ女……女の業を新鮮な感覚と大胆な手法で描き出す連作5編。

瀬戸内寂聴著

女徳

多くの男の命がけの愛をうけて、奔放に美しい女体を燃やして生きた女――今は京都に静かに余生を送る智蓮尼の波瀾の生涯を描く。

瀬戸内寂聴
瀬戸内晴美著

わが性と生

私が天性好色で淫乱の気があれば出家は出来なかった――「生きた、愛した」自らの性の体験、見聞を扮飾せずユーモラスに語り合う。

瀬戸内寂聴著

手毬

寝ても覚めても良寛さまのことばかり……。雪深い越後の山里に師弟の契りを結んだ最晩年の良寛と若き貞心尼の魂の交歓を描く長編。

瀬戸内寂聴著

釈迦

八十歳を迎えたブッダ最後の旅。遺された日日に釈迦は何を思い、どんな言葉を遺したか。二十年をかけて完成された入魂の仏教小説。

曽野綾子著

太郎物語

―高校編―

苦悩をあらわにするなんて甘えだ――現代っ子、太郎はそう思う。さまざまな悩みを抱いて、彼はたくましく青春の季節を生きていく。

新潮文庫最新刊

「選択」編集部編
日本の聖域（サンクチュアリ）ザ・タブー
大手メディアに蔓延する萎縮、忖度（そんたく）、自主規制。彼らが避けて触れない対象にメスを入れる会員制情報誌の名物連載シリーズ第三弾。

読売新聞水戸支局取材班著
死刑のための殺人
―土浦連続通り魔事件・死刑囚の記録―
自死の手段としての死刑を望み、9人を殺傷する凶悪事件を起こした金川真大。彼は化け物か。死刑制度の根本的意味を問う驚愕の書。

水戸岡鋭治著
電車をデザインする仕事
―ななつ星、九州新幹線はこうして生まれた！―
JR九州「大躍進」の秘密は乗客をワクワクさせる「物語力」にあった！　未だかつて無いものを生み出すデザイナーの仕事の流儀とは？

S・ブラウン
長岡沙里訳
コピーフェイス
―消された私―
私は別の女として生きることになった。あの恐怖の瞬間から……飛行機事故が招いた運命の捩（ねじ）れを描くラブ・サスペンスの最高傑作！

村上春樹著
職業としての小説家
小説家とはどんな人間なのか……デビュー時の逸話や文学賞の話、長編小説の書き方まで村上春樹が自らを語り尽くした稀有な一冊！

宮本輝著
満月の道
流転の海第七部
昭和三十六年秋、熊吾の中古車販売店経営は順調だった。しかし、森井博美が現れた。やがて松坂一家の運命は大きく旋回し始める。

千利休とその妻たち（上）

新潮文庫　み-8-18

昭和六十三年　三月二十五日　発行
平成二十六年　一月　十日　三十七刷改版
平成二十八年十一月　五日　三十八刷

著者　三浦綾子

発行者　佐藤隆信

発行所　株式会社 新潮社

郵便番号　一六二―八七一一
東京都新宿区矢来町七一
電話　編集部(〇三)三二六六―五四四〇
　　　読者係(〇三)三二六六―五一一一
http://www.shinchosha.co.jp

価格はカバーに表示してあります。

乱丁・落丁本は、ご面倒ですが小社読者係宛ご送付ください。送料小社負担にてお取替えいたします。

印刷・二光印刷株式会社　製本・加藤製本株式会社

ISBN978-4-10-116218-8 C0193